깨끗한 소망은 희서로부터

엘림북스는 목회자와 연구자 그리고 평신도들의 의미 있는 기록들을 전문적으로 출판하는 세움북스의 임프린트입니다.

깨끗한 소망은 히서로부터

초판 1쇄 발행 2024년 12월 25일
초판 1쇄 발행 2024년 12월 30일

지은이 ㅣ 이은효
펴낸이 ㅣ 강인구

펴낸곳 ㅣ 엘림북스
등 록 ㅣ 제2014-000144호
주 소 ㅣ 서울특별시 종로구 대학로 19 한국기독교회관 1010호
전 화 ㅣ 02-3144-3500
이메일 ㅣ cdgn@daum.net

디자인 ㅣ 참디자인

ISBN 979-11-93996-24-9 (03230)

깨끗한 소망은 희서로부터

아은효

엘림
북스

여는 은효의 말

제가 이 책을 처음 쓴 것은 열여덟살 때입니다. 내가 재능이 있을지 없을지는 모르지만 일단 어떤 것을 써야 한다면, 가장 먼저 쓰고 싶은 이야기는 엄마의 이야기였습니다. 왠지는 모르겠지만 세상의 모든 딸은 엄마에 대해 말하고 싶어하는 것 같습니다. 엄마를 가장 사랑하면서도 엄마를 가장 불쌍해하고, 엄마와 다른 점이 수백만 가지지만 가장 닮아있는 사람이기도 하죠. 그리고 엄마라는 말에는 눈물이 스며있는 것만 같습니다. 입 밖으로 내기만 해도 울어버릴 것 같을 때가 많기 때문입니다.

저의 엄마, 지윤은 태어나고 보니 제 엄마였는데 알고보니 세상에서 가장 사랑스러운 사람이었습니다. 아주 작은 몸을 가지고도 가장 강한 사람이었고 사람들의 시선이 닿지 않는 구석의 약하고 여린 것들에 관심이 많은 따뜻한 사람이었습니다. 그런 지윤의 이야기는 너무나도 아름다워서 이 이야기를 저만 알고 있는 것이 너무나 아까웠습니다. 그래서 저는 주인공이 되기를 참 좋아하는 아이였음에도 인생에서 처음으로 쓰는 책의 주인공 자리를 지윤에게 주기로 했습니다. 이 책의 이야기가 특별해 보인다면, 그것은 지윤이 특별했기 때문이라고 자신 있게 말할 수 있습니다.

목차

태동

1972년 겨울, 부산 앞바다에선 　　　　　작은 고래가 한 마리 태어났다.

그로부터 31년이 지난 2003년 봄엔 작은 기린이 한 마리 태어난다.

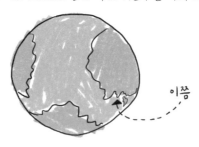

이 넓고 넓은 세상 속,

아주 작은 나라의

이쯤

아주 작은 지윤으로부터
태어난 나.

곱씹고 곱씹어도 이것은 운명(殞命)이다.

2003년 3월 28일. 세상에 나왔을 수많은 이들 중

내가 지윤의 딸로 태어난 것이 말이다.

1972년, 부산 앞바다에서 작은 고래 한 마리가 태어난다.

그 작은 탄생은 그로부터 조금 오랜 31년 후,

2003년, 이 세상에 태어날 또한 작은 한 마리 기린에게

더없이 거대한 빅뱅이 되었다.

1972년의 겨울과 2003년의 봄.

그 사이 여러 번의 겨울이 있었을 테다. 그리고 여러 번의 봄이 있었을 테다.

어느새 추운 겨울을 넘기고 봄을 기다리는 일이 더이상 고되지만은 않았을 젊은 그녀의 인생에 그 전 겨울과는 달라도 너무 다를 새로운 봄이 오고 있었다.

곱씹고 곱씹어도 그것은 운명(運命)이다.

무한한 이 넓고 넓은 세상 속 아주 작은 나라의 아주 작은 그녀로부터 태어난 나.

내가 그녀의 딸로 태어난 것은 내 인생에 있어 가장 큰 축복이었다.

그녀에 대한 기억을 되짚을 땐 늘 이 질문으로부터
시작한다.

"그녀와 나는 어떻게 모녀(母女)가 되었을까?
어떻게 나는 당신과 같은 사람을 이리도 가까이에서
만났을까?"

편지를 써야 하리

뚫어 져라

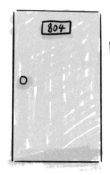

10년 동안 살던 집을 떠나
이사를 하게 되었을 때

수많은 책을 정리하게 되었다.

1994, 가을을 맞으며

그러다 어떤 책에서
작은 카드가 나왔다.

1994년에 지윤이 적어 둔 것이었다.

우리 삼 남매가
태어나기도 전이었다.

나는 그 글을 읽고 또 읽었다.

우리가 아직 살아있음을, 혼자가 아님을 확인하기 위하여
때로는 편지를 써야하리. 사계의 바람과 햇빛을 가득 담아
마음에 개켜둔 이야기를 꺼내 아주 짧게라도 편지를 써야하리.
살아있는 동안은... 1994, 가을을 맞으며

순간 1994년의 가을 냄새가 나는 것도 같았다.

지윤의 인생도 다른 이와 다를 것은 없었음이 분명하다. 한 때는 걸어갈 길을 찬란한 햇빛이 비추었고 한 때는 그녀의 머리 위에만 먹구름이 낀 듯이 비가 쏟아졌을 것이다.

무수히 많은 타인들이 겪고 있는 인생의 굴곡과 비슷한 곡선의 굴곡을 겪으며 살았을 것이다. 그런 이야기들은 그녀가 세상을 떠난다면 온전한 상태로 기억될 수 없을 것이며 멋대로 평범과 보통의 단어들을 붙여 놓아도 그저 그런대로 기억 될 수도 있을 것이다. 그것은 너무나도 아까운 일이었다. 바로 그런 생각이 시발점이 되어 나는 펜을 들었다.

지윤의 이야기, 지윤의 인생. 그리고 지윤과 나의 이야기를 나만 알고 있을 수 없었다. 그녀의 특별함과 반짝임을 알아볼 이는 나뿐이 아닐 것이라는 굳은 확신, 그리고 바로 그런 확신을 내게 준 지윤의 인생은 도저히 평범과 보통의 단어들로 정의 내릴 수 없었다.

노을이 물든 80년대 부산. 바다가 보이는 옥탑 문예

부, 그 시절 고등학생이던 한 소녀, 언젠가 가장 돌아
가고 싶은 순간을 뽑으라면 그 순간이라던 지윤.
　다시 태어난다면 푸른 바다의 고래가 되어 유유히
헤엄치며 살겠다던 지윤.

　"우리가 아직 살아있음을, 혼자가 아님을 확인하기
　위하여 때로는 편지를 써야 하리. 사계의 바람과 햇빛
　을 가득 담아 마음에 개켜둔 이야기를 꺼내 아주 짧게
　라도 편지를 써야하리. 살아있는 동안은… 1994, 가을
　을 맞으며."

1994년, 지윤이 옮겨적어 두었던 글이었다.
나는 지윤이 나를 만나기 전,
젊디젊었을 날에 어떤 가을을 맞았는지 알 수 없다.
그 가을에 지윤이 개켜둔 이야기는 누구에게 날아가,
누가 펼쳐보았을지도 알 수 없다.
나는 지윤이 그의 부모님들과 어떤 이야기를 나누었

는지를 알지 못한다.

지윤이 태어나는 날의 들숨과 날숨의 온도도 알지 못한다.

지윤이 영자에게 가졌을 사랑이 내가 지윤에게 가진 사랑과 같은 형태의 것일지도 알지 못한다.

어느 순간에 지윤의 시선에서 한 없이 크던 그의 부모님들이 작게 느껴졌는지도,

어떤 순간이 지윤에게 심장이 뛰는 설렘을 가져다주었을지,

어떤 영화들이 눈물을 펑펑 나게 했는지도 알 수 없다.

어떤 밤에 잠들지 못하게 한 사람이 누구인지도,

돌아가고 싶은 문예부에서 읽고 또 읽은 책의 제목도,

그 책을 읽으며 들었을 노래도 알지 못한다.

나는 완벽한 타인을 사랑하고 있는 것이다. 나만이 가질 수 있는 단편적인 시각으로 그녀를 바라보고, 나의 언어들로 판단하고 있을 수도 있다. 사실 이 책에 적힌 지윤은 실제 지윤이 아닌 그녀에게서 파생된 가상의 인물이라는 것이다. 본래 상상과 몽상으로 이야

기를 펼치는 나이기에, 이 모든 이야기가 완벽한 실화라고는 장담할 수 없다. 사실만을 나열하는 것은 픽션만을 나열하는 것만큼 어렵다고 했던 어떤 책의 구절처럼, 나는 상상인지 실제일지 모르는 것들을 쓰고 있다는 것을 깨달았다. 그렇기에 고백 해놓는 것이다. 이 책의 은효와 지윤은 실제와 다를 수 있으며, 같을 수도 있다는 것을. 애매한 단어들로 고백해 두도록 하겠다.

　내가 한 것은 하나의 기록이며 동시에 지윤에게 보내는 편지이다. 지윤이 말한 것처럼, 살아있는 동안은 혼자가 아님을 확인하기 위해, 연필을 잡고 편지를 써야 하리.

필연의 사랑

지윤과 나는 본래
한 몸이었지 않은가 ?

지윤이 먹은 것을 내가 먹었고

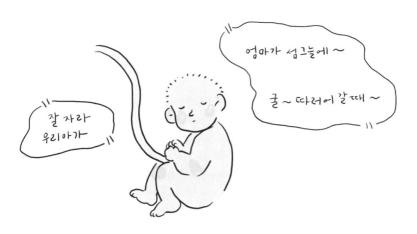

지윤의 목소리를 들었다.

난 신호를 받아 이 세상에 나왔다.

이 세상엔 말이나 논리로는 설명되지 않는 일들이 일어나곤 한다. 나와 지윤의 만남이 그러했다. 나는 정말이지 말도 안 되는 확률로 그녀에게서 태어났다. 아주 작은 나라의 아주 작은 몸에서 나는 파생되었다. 그것이 정말이지 운명이 아니라면 어떤 말로 표현할 수 있을까.

2003년 3월 28일 새벽녘이었다. 난 아침이 밝기 전에 울음을 터트린 아이였다. 이미 나 이전에 두 아이를 제왕절개 해서 낳았던 지윤은 세 번째 제왕절개를 앞두고 있었다. 지금도 그렇지만 당시에 세 번째 제왕절개는 산모의 몸에 무리가 많이 가기에 건강의 큰 위험을 동반한다고 했다. 때문에 막연한 바램으로 본래 예정일이었던 4월 15일로부터 2주 일찍 잡아둔 "희망 예정일"이 있었고, 그 날이 바로 3월 28일 이었다. 난 태어나기 전부터 지윤과 텔레파시를 주고받은 것일까? 예정일이 다가와 입원한 3월 27일, 바로 그날 밤새 진통이 왔고, 다음날 3월 28일 새벽 여섯시 즈음 우리는 처음으로 만나게 되었다.

  고통과 눈물과 인내의 끝자락에서 얼굴도 보지 못한 나와 연결되어있구나 느꼈다던 지윤이었다. 격정적인 들숨과 날숨, 거덜 나버린 땀샘, 그리고 고통. 바로 그런 숨을 주고받은 이들은 혀를 주고받은 이들보다 끈덕지게 연결되어 있었음이 분명하다. 지윤과 나의 관계는 우정이라고 하기 에는 조금 더 짙고 적나라했다. 유대라는 말에 조금 더 가까웠다. 인간이 느낄 수 있는 가장 큰 고통이라는 진통을 견뎌내던 그 몸과 한 몸이었던 나는 더없이 안전했던 뱃속을 떠나려 발버둥 치고 있었다. 그대로 한 몸이었다면 서로 때문에 눈물을 흘릴 일도, 화를 낼 일도 없었겠지만 기필코 지윤은 나를 밀어내었고. 나는 온 힘을 다해 차갑고 따뜻한 세계로 뻗어나갔다. 그렇게 서로를 만나려 다신 없을 노력을 기울였다. 그 초봄의 쌀쌀했을 새벽녘의 공기가 후덥지근해질 만큼 서로에게 몰두하고 있던 두 사람이었다.

태초의 만남은 다른 여느 만남과는 달랐다. 초면이었으나 둘 다 알몸이었다. 서로를 알지 못했지만 울었다. 그 어색하고도 낯익은 서로의 얼굴을 새기려 하염없이 바라보았다. 아마 그때부터일 것이다. 본능적으로 새끼는 어미를 모방한다고 했던가, 나는 그렇게 천천히, 조금은 따뜻하도록 그녀를 닮아가고 있었다.

갓난아이의 무게

1997년 겨울, 지윤은
강원도 양구에 있었다.

당시 아빠는
군복무 중이어서

훈련 기간이 겹치자
은서와 지윤은 일주일간 둘이 생활하게 되었다.

어느 날 지윤은 꿈을 꾸었는데   그것은 다름 아닌 은서와 지윤이었다.
지구에 두 사람이 서있었다.   같은 키의, 같은 눈빛을 공유하는..

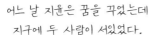

놀라 잠에서 깨자, 옆엔 채 한 줌도 되지 않던 은서가 자고 있었다.

눈이 쌓이듯 한 인생이 쌓이기 시작했다.

1997년, 때는 지윤이 은서를 낳고 얼마 안됐을 때이다. 당시 아빠는 저 멀리 강원도 양구에서 군 생활을 하고 있었기에 지윤은 아빠와, 은서와 동네 할머니의 집에서 살았다. 앞마당에 자두나무가 있는 시골집 이었다. 여름에는 아마 그 집 앞마당에 발을 디딘 사람 모두가 향긋한 자두냄새를 맡았을 것이다.

은서를 낳고 한 달쯤 안됐을 때 아빠는 군인관사로 들어갔고, 일주일간 훈련을 나가게 되어 지윤은 일주일간 갓난배기인 은서랑 단 둘이 지냈다. 그때는 1997년의 끝자락, 춥디추운 겨울이었다. 칼바람이 불고 처마에는 고드름이 얼 만큼 추웠다. 하늘에선 하얀 눈이 쉴 새 없이 내리고, 밤에는 창문에 눈이 하얗게 서렸다. 그런 밤이 일주일간 지속되었다.

지윤은 그런 어느 날, 꿈을 꾸게 된다. 꿈 속의 지윤은 우주에 있었고, 지윤의 시야엔 떡하니 지구가 보였다. 좀 더 자세히 보니 지구 위에는 두 사람이 서있었다. 지윤은 좀더 가까이서 보기로 했다. 좀 더 다가가

니 두 사람 중 하나가 보였다. 바로 그건 지윤 자신이었다. 지윤의 옆에 서 있는 이는 바로 아기였던 은서였다. 분명 은서는 설 수 없는 나이였으나 두 사람은 같은 크기로 존재했다. 마주 서서 같은 시야를 공유하고 있었다. 엄마와 아이가 아닌 온전한 두 사람으로써 서로를 바라보고 있었던 것이었다.

순간 지윤은 눈을 떴다. 한밤중이었다. 창밖에 서린 눈의 한기가 방 안에도 어느 정도 스며있었고, 옆엔 갓난아이인 은서가 새근새근 나비잠을 자고 있었다. 지윤은 신이 내린 어떠한 영감 같은 것을 받았다고 느꼈다.

"자식은 나에게서 태어났지만 내 소유가 될 수 없구나, 내 의지로 어떻게 할 수 있는 존재가 아니라 똑같은 무게감을 가진 생명이구나."

27살에 첫 아이를 낳은 지윤이 태어난지 한 달 밖에 안 된 갓난배기와 자다가 꾼 꿈이었다. 한 줌밖에 되지 않던 그 어린아이의 무게는 지구 하나의 무게와 같았다.

한 아이의 태어남은 지구의 태어남과 같았다.

기린 냄새

나의 태몽은 기린이었다고 한다.

기린은 지윤이 두 번째로
좋아하는 동물이었다.

첫 번째는
고래였다.

지윤은 기린이 그려진 옷을
하나 가지고 있었는데,

다 해진 옷이 될 때까지 즐겨 입었다.

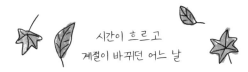

시간이 흐르고
계절이 바뀌던 어느 날

지윤이 헌 옷을 정리해 둔 곳에
그 기린 옷이 있었다.

며칠 후 분리수거 날에
버려질 것이 분명했다.

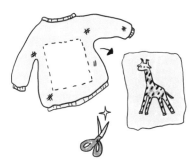

나는 그 옷을 네모지게 잘라, 액자로 만들었다.

퇴근하고 집에 돌아온 지윤은

그 액자를 봤다.

아주아주 좋아했다.

나의 태몽은 기린이었다고 한다. 지윤이 내 태몽을 꾸었는데, 하늘에서 아기 기린이 자신을 향해 걸어 내려왔다고 한다. 그 이야기를 들은 이후로 나는 기린그림이 들어간 무언가를 볼 때마다 마치 나 같다는 생각을 많이 했다.

지윤은 기린이 그려진 회색 옷을 하나 갖고 있었는데, 계절을 많이 타지 않는 적당한 두께감에 좋은 재질, 그리고 기린 그림이 멋스러워 언제든 입기 좋았다. 지윤은 그 옷을 아주 좋아해서 다 해진 옷이 될 때까지 오래오래 입었다.

계절이 바뀌는 길목마다 다음 계절을 위해 옷 정리를 하던 지윤은 그 회색 기린 옷에 눈이 갔다. 어찌나 많이 입었는지 어느새 군데군데 색이 바래고 손목도 닳아있었다. 사실 이미 몇 년 전부터 눈에 밟혔으나 애정이 담긴 추억이 여러 가지 떠올라 옷장 구석에 살아남았던 녀석이었다. 지윤은 두 눈을 딱 감고 그 옷을 버리기로 마음을 먹었다. 이제는 버릴 때가 왔구나. 하고 생각했다. 다른 버릴 옷들과 함께 차곡차곡 접어서 박스에 넣어두었다.

나는 현관 문 앞 박스에 든 그 기린 옷이 눈에 밟혔다. 박스에서 꺼내 냄새를 맡으니 포근하고 익숙한 냄새가 났다. 어릴 때 매일 밤 지윤과 같이 자던 나는 가슴팍에 얼굴을 묻고 냄새를 맡는 것을 좋아했는데, 가끔 지윤의 퇴근이 늦어져 혼자 잠자리에 들 때면 나는 옷장에서 이 옷을 꺼내서 안고 냄새를 맡으며 잤다. 바로 그 냄새가 아직 남아있었던 것이었다. 다른 옷들보다도 특히 사랑받았고 많이 꺼내 입힌 탓일지 지윤의 냄새가 가장 많이 묻어있는 그 옷을 나도 참 좋아했던 기억이 났다.

바로 그런 옷이 며칠 뒤 분리수거하는 날에 버려진다니. 나는 그 옷을 버려지게 두어서는 안 되겠다고 생각했다. 그러고는 가위를 가져와 그 옷의 기린 그림 부분을 네모나게 잘라 빈 액자에 넣었다. 액자에 넣어놓으니 그럴듯한 기린 액자가 되었다. 난 그 액자를 지윤

의 책상 위에 올려두었다. 퇴근하고 돌아와 그 액자를
본 지윤은 정말이지 기뻐했다.

그 옷은 옷의 형태로는 남을 수 없게 되었으나, 액자
로 남아 아직도 지윤의 방 침대위에 올려져 있다. 나는
이따금 지윤의 방에서 잠을 잘 때면 왠지 모르게 그 액
자에서 포근한 냄새가 솔솔 나는 것만 같다고 생각했
다.

목련꽃 그늘 아래서

학창시절의 지윤은   조금 특별했다.

짧은 숏컷머리를 해서 그런지
여자애들에게 고백을 받기도 했다.   물론 남자애들에게도 말이다.

정작 지윤이 관심이 있던 것들은 다른 것들이었다.

감수성이 풍부했던 지윤은 음악시간에 노래를 하다 울기도 했다.

"목련꽃 그늘아래서" 라는 노래를 하다
창문 밖에 목련꽃이 만개한 풍경을 봤기 때문이었다.

너무나 아름답다...

그 봄 날의 선율도 풍경도 잊혀지지 않는다고 했다.

"한 번쯤 돌아가고 싶은 시절은 언제야." 언젠가 그런 질문을 지윤에게 한 적이 있다. 지윤은 내 물음에 고등학교 시절, 옥탑방에 있던 문예 편집부로 돌아가 보고 싶다고 얘기했다. 선생님의 손길이 닿지 않는 아지트 같은 옥탑에 모여 친구들과 함께 책을 읽고 시를 쓰던 나날이 있었다고 했다. 당시 지윤의 학교에선 도서부원과 문예 편집부원은 부서실에서 야자를 할 수 있게 특권을 받았기에, 지윤은 고등학교 내내 대부분의 오후와 저녁을 그 옥탑에서 보냈다. 노을 질락 말락 하여 하늘이 홍시같이 물든 시간부터, 칠흑처럼 깜깜해진 밤까지 말이다.

"옥탑에서 바라보면 탁 트여서 하늘과 바다가 한눈에 보이는데, 정말 매일 매일 바다색이 달라져. 아침 바다, 점심 바다, 노을 지는 바다… 어떨 땐 내가 하늘을 보고 있는지 바다를 보고 있는지… 부산은 내게 바다를 빼놓고는 상상할 수 없는 곳이야."

지윤은 그렇게 오랫동안 옥탑방에서 보이던 풍경, 교실 창 밖 풍경을 바라보았다고 말했다. 한 번은 음악 시간에 "목련꽃 그늘 아래서"라는 노래를 부르다 창밖을 보니 목련꽃이 만개해 있었더란다. 따뜻한 4월의 교정에서 울려 퍼지던 그 노랫소리와 창문 밖으로 가득히 보였던 활짝 핀 목련이 너무나 아름다워서 순간 눈물을 흘렸다고 한다. 그런 지윤을 보고 놀라 갑자기 왜 우느냐는 선생님의 물음에 "목련꽃이 아름다워서 운다"라고 대답했다고 한다. 그 대답을 들은 선생님은 수업을 그만두고 여러 이야기를 해주셨다고 한다. 그날의 음악 시간엔 선생님의 이야기, 그리고 학생들의 이야기, <젊은 베르테르의 슬픔>을 읽은 이야기까지, 다양한 이야기들이 오갔다고 한다.

또 어느 날, 지윤은 국어 시간에 시인과 촌장의 '가시나무' 노랫말을 썼는데, 당시의 신식 노래를 잘 몰랐던 선생님이 그것이 시냐 노래냐 물으셔서 지윤은 앞으로 나가 시인과 촌장의 가시나무를 불렀다고 했다.

내 속엔 내가 너무도 많아

당신의 쉴 곳 없네

내 속에 헛된 바램들로

당신의 편할 곳 없네

내 속엔 내가 어쩔 수 없는 어둠

당신의 쉴 자리를 뺏고

내 속엔 내가 이길 수 없는 슬픔

무성한 가시나무 숲 같네

그 시절의 지윤은 아마 그 가사 속 가시나무 같았을 것이라고 생각했다. 오롯한 자신으로 가득 차 다른 이가 무언가 보탤 구석이 없이 색색이 아름다웠을 것이라고 말이다. 슬픔, 사랑, 그리고 젊음을 온몸으로 느끼고 있었을 지윤이 궁금했다. 그 날 그 교실, 분필 자국이 무성한 칠판 앞에서는 어떤 목소리가 울려 퍼졌을까? 시인과 촌장의 담백한 목소리와도, 리메이크 버전인 조성모의 얇은 미성과도 달랐을 것이다. 난 <가

시나무>를 들으며 낯선 소녀의 목소리를 상상해 보곤 했다. 상습적으로 수업을 중단시키는 그 맹랑한 소녀의 목소리를 말이다.

머리를 남자아이만큼 짧게 자르고 무릎까지 오는 교복 치마를 입은 여자아이. 등나무 벤치에 흰 종이학과 등을 달며 "학이 열리는 마을"이란 제목의 시화전을 준비하던 문예 편집부의 학생. 아직도 그 예쁜 등나무 벤치의 대롱대롱 달린 학들과, 빛을 내던 등과, 시화전에 쓰인 시를 기억하는 지윤의 이야길 들으며, 한 번쯤 내가 태어날 줄을 몰랐던 그 시절의 여자아이를 찾아가 보고 싶어졌다. 나와 같은 나이의, 칠판 앞으로 나가 노래를 하는 것을 부끄러워하지 않던 그 아이를 말이다.

평범하고도 보통의

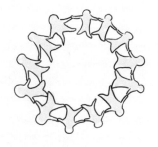

지윤은 길은 잘 못 찾았지만,

훌쩍 떠나기는 잘했다.

오똑!

동글동글하게
생긴 구석이라곤
하나도 없었지만,

옆 사람과 손을 맞잡아 이어서

아주아주 큰
동그라미를
만들 줄 알았다.

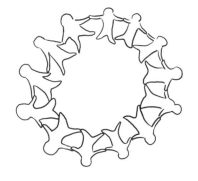

아마 내가 어떤 표현을 쓰더라도 내가 가진 이 애정을, 지윤이라는 사람을 온전히 옮길 수는 없을 것이라 느끼고 있다. 오히려 너무 완벽한 단어와 표현들만으로 지윤을 묘사한 것에 대해 나중엔 후회할 것이라는 무조건적인 확신이 들어 조금 괴로워하는 중이다.

완벽하고 아름다운 것들만이 지윤이라 할 수는 없을 것이고, 그런 틈 없는 단어들로 지윤을 적어내고 싶지 않았다. 보다 자세하고 조잡하고 다양한 단어를 엮어 알록달록한 뜨개 목도리처럼 그려내길 원했다. 너무 완벽한 찬미는 읽는 이에게 자연스러운 이해와 공감을 주기 어렵기 때문이다.

마치 전지적 작가 시점의 소설과 같다. 이미 어떤 공감을 해야 하며, 어떤 자세로 이 인물을 받아들여야 하는지를 이미 다 설명해 버려서 읽는 이들이 글쓴이의 의도를 그대로 파악하고 이야기를 바라보게 될 것이 아닌가? 바로 그런 부작용이 두려워지자, 내가 지윤을 이루려 골라둔 단어들이 너무나도 견고한 것들이라는 것을 깨달았다. 이미 찬미의 글을 무지하게 써낸 후에 말이다.

"아뿔싸!"

늦었지만 후회를 안고 싶지 않았기에 국어사전을 펼쳤다. 흔하지 않고, 작고, 이상하고, 그렇지만 단단하고 따뜻하고, 조금은 울 것 같은 그런 단어를 찾으려 노력했다. 처음 발견한 단어는 "온전"이었다.

"조금도 부족함이 없고 흠이 없으며 완벽하고 완성된 상태. 마음의 자세와 동기가 순수하고 그 행위가 진실하고 깨끗하고 강직하며, 그 목표하는 바가 흔들림 없는 상태."

글로 나열해 보니 내가 과연 단어사전을 왜 펼쳤는지 잊어먹은 것만 같은 완벽한 찬양의 표현이었다. 제

자리걸음일 뿐이었다. 결국 과감하게 "온전"을 버리고 또 새로운 단어를 찾으려 했다. 책장에 침을 묻혀 넘기며 책과 사전을 샅샅이 뒤져보았다. 하지만 어떤 표현을 빗대어 보아도 지윤을 한 단어로 표현할 수 없었다.

깨닫고 보니 지윤이 아닌 다른 이도 그러했다. 아마 이 세상에 한 단어로 정의 되는 사람은 없을 것이 분명하다. 그도 그럴 것이, 사람은 이 세상에 잉태되고, 태어나선 한 명 한 명 모두가 전혀 다른 세상을 살아가는데 그 장황한 인생의 깊이도, 길이도, 온도도, 질감도 모르고서는 한 사람을 한 가지 단어로만 표현해 낸 다는 것은 실례를 범하는 것이 아닌가? 어쩌다 엇비슷한 단어를 찾았다는 이유로 그 사람을 완전하게 표현할 수 있을 것이라는 자신감이야말로 자만이라는 것을 잊어서는 안 되는 일이었다.

그렇게 단어 뒤지기를 포기하고, 평범과 보편은 없다는 것을 알았다. 이 세상 그 누구의 이야기도 모두 달랐다. 모두 특별하고 모두 말도 안 되는 일을 겪으며 살아가고 있었다. 평범한 죽음, 평범한 삶, 평범한 태어남처럼 모순적인 말은 없다. 모두의 삶이 특별하고, 모두의 죽음이 애틋하고 모두의 태어남이 기적적으로 아름다웠다.

그래서 나는 설명을 아주 많이 붙이기로 했다. 글이 이상하게도 길어질 것이 분명하지만 나는 그냥 "지윤"을 사랑하는 것이 아니었다. 나는 "현명하고, 지혜롭고, 엉뚱하고, 잘 웃고, 잘 울고, 위트 있고, 길을 못 찾고, 노래하는 것을 좋아하고, 춤추는 것도 좋아하고, 책을 읽고, 시를 읽고, 라디오를 듣고, 애틋하고, 독특하고, 알록달록하고 요상한 패턴이 들어간 옷을 즐겨 입고, 송곳니가 조금 뾰족하고, 따뜻하고, 살며시 손짓하고, 평화를 사랑하고, 식물을 키워내고, 글씨를 날려 쓰고, 보라색을 좋아하고, 강단 있고, 단단하고, 작고, 보듬고, 훌쩍 여행을 떠나고, 다른 사람들의 시선이 닿지 않는 곳에 시선을 두고, 옆 사람과 손을 잡고 잡아

끝내 커다란 동그라미를 만들 줄 아는, 지윤"을 사랑하고 있다.

꼬마전구

지윤이 나고 자란 부산엔
80년대까지만 해도 초가집이 있었다.

당시 지윤의 옆 동네에는 피난민들이 고 바위에
따개비처럼 집을 지어 마치 미로 같아서

어린 지윤은 그곳에서
길을 잃고 만다.

같이 길을 잃은
지윤의 언니 용화는 울고 말았다.

지윤은 울지 않았다.

사람들은
그 작은 아이의

반짝이는
눈빛을 보고는

"꼬마전구"

라고 불렀다.

지윤은 이주노동자센터에서 외국인들에게 한국어를 가르쳤을 정도로 발음이 정확한 사람이지만, 고향은 부산이다. 지윤은 또박또박 반듯한 표준어를 쓰다가도 부산역에 도착하자마자 네이티브 사투리가 저도 모르게 튀어나오는 진정한 부산인이었다. 현란한 사투리로 그녀의 엄마 아빠에게 전화를 거는 지윤의 모습은 마치 몇 개 국어씩 능숙하게 사용하는 사람과 같이 보였다.

부산엔 지윤의 나와바리*가 몇 군데 있다. 구도심이라 할 수 있는 중구, 서구, 남포동~ 용두산 공원, 그리고 자갈치 시장 부터 국제시장까지. 그 곳들은 정말이지 태어나고 자라는 모든 순간을 함께한 곳이라고 했다. 냄새만 스쳐도 사진을 찍어놓은 것처럼 그 풍경이 눈에 선명하게 떠오르는, 그런 곳 말이다.

어른이 되고, 사회생활을 시작하고, 한 가정을 이룬 부모가 된 지윤은 그 곳을 떠나왔지만 이따금 부산에 놀러 갈 때마다 자갈치 시장에선 꼼장어를 볶아 먹고,

국제시장에선 지윤의 엄마아빠가 있는 작은 한복집에 들러 서로 묵혀둔 이야기들을 하곤 했다.

아직 지윤의 나이가 한 자릿수였던 1980년대의 부산엔 초가집도 있었다. 당시의 지윤의 집 바로 위엔 천마산이 있었기에 지윤은 거기서 칡 덩쿨도 캐고 산도 타고 놀았다. 송도의 예쁜 백사장에선 파도에 발을 담그고 조개를 주우며 놀았다. 어린 지윤은 매일 그렇게 했다.

당시 지윤의 옆 동네는 전쟁 통에 피난민들이 경사진 곳에 따개비처럼 집을 지어 미로처럼 생겼었다. 어찌나 골목이 많고 길이 많았던지 그곳에 사는 사람도 길을 잃기 십상이었다고 한다. 한때 지윤은 그 미로같은 곳에서 다른 어린이들과 다를 바 없이 길을 잃고 말았다. 지윤은 다행히 혼자 길을 잃은 것은 아니었다. 지윤의 언니 용화와 함께였다.

용화는 공부도 잘하고 심성이 고왔다. 늘 전교 3등 안에 들 정도로 똑똑했지만 잘난 척을 한 번도 하지 않는 착하고 욕심 없는 아이였다. 키도 지윤과는 달리 또래에 비해 큰 편이었다. 하지만 용화는 너무 순진하여, 길을 잃은 그 자리에서 울음을 터트리고 말았다.

그런 용화의 동생이었던 지윤은 아주 작은 몸에 비해 용감하였다. 지윤은 눈물 한 방울 흘리지 않고 강단 있는 목소리로 말했다.

"언니야, 울지 마라! 집 찾아가자!"

그렇게 지윤은 울고 있는 언니 용화의 손을 잡고 골목을 돌아 돌아 길을 찾고 집으로 돌아왔다. 어른들은 헛웃음을 지으며 그 의기양양 비범하고 작은 아이를 보고는 꼬마전구라는 별명을 붙여주었다. 키는 쥐콩만 한게 늘 다른 사람을 초롱초롱하고 반짝거리는 눈빛으로 바라보는 것이 마치 작은 전구가 빛나는 것처럼 보였기 때문이라고 한다.

세월이 흐르고 꼬마전구는 어른이 되었지만, 어째서

인지 쥐콩만한 키는 그대로였다. 한결같았던 키에 비해 작다 하지 못할 변화가 찾아왔다. 매일 반짝반짝 모든 것이 호기심으로 작동하던 눈빛이 언젠가부터 끔뻑끔뻑 켜졌다 꺼지기를 반복하더니 거의 켜지지 않을 때가 많아졌기 때문이다.

꼬마전구에게 모든 것들이 궁금하고 신기할 때는 지나갔고, 매번 반짝반짝 환한 눈빛을 켜두는 것도 전력 소모가 심하다는 것을 깨달았기에 전원을 꺼두는 순간이 많아졌다. 그런 날이 이어지자 가끔은 자신이 전력을 잃었다고 느껴 속상한 순간도 찾아왔다. 문득 거울을 보니 이전과 밝기부터가 다른 자신을 마주치는 순간이 있었기 때문이다. 꼬마전구로 불렸던 시절은 어느새 아득해졌고, 자식들에게 어렸을 적 별명을 얘기해주며 가끔 그 존재를 회상할 뿐이지 자기 자신이 꼬마전구였다는 사실조차 잊고 살아가는 순간이 많았다.

하지만 본인은 모를 수도 있지만, 어른이 된 꼬마전구도 이따금 불이 환하게 켜지곤 했다. 호기심이 가득

한 눈빛, 웃음기가 스민 눈주름과 같은 것들이 가끔 꼬마전구가 눈치채지 못한 순간들에 빛을 내었다. 눈물샘을 자극하는 드라마를 볼 때, 독립 서점에서 새로운 책을 고를 때, 딸내미가 깜짝선물로 사온 꽃다발을 받았을 때… 자기도 모르게 스위치가 다시 켜졌다. 오랜만에 불을 켠 꼬마전구는 달이 밝은 밤 거실에서 흥얼흥얼 노래를 불렀고, 그 노래에 맞춰 살랑살랑 춤을 추기도 했다. 그 밝고 반짝이는 빛이 어찌나 아름다운지, 주변 사람을 환하게 비추기에 충분했다.

*나와바리: 자신의 구역을 설정하다라는 뜻을 가진 일본어 숙어로, 일제강점기의 잔재로 남아 사용하는 말

영자와 계호

영자와 계호는

지윤의 엄마, 아빠이다.

언제나 그 둘은 함께였다.

지윤이 태어나던 순간에도 말이다.

계호는 늘 영자를 이렇게 불렀다.

그래서 나는 어릴 때 할머니 이름만 알았다.

영자와 계호는 지윤의 엄마, 아빠이자 은효의 할머니, 할아버지이다. 할머니는 양영자 할아버지는 정계호이다. 언제나 둘은 함께였다. 지윤이 태어났을 때도 이미 함께였으며 그런 지윤에게서 내가 태어날 때도 함께였다. 지금까지도 말이다. 영자는 위가 안 좋은 계호를 위해 매일 아침 일찍 양배추를 갈아주었다. 하루도 거르지 않고 말이다. 그 결과 실제로 계호의 위 건강은 눈에 띄게 호전되었다. 민간요법을 잘 믿지 않는 나 조차도 언젠가 위염이 걸렸을 때 그 일화가 떠올라 양배추를 무지하게 삶아 먹었다.

계호는 어린 나이에 아버지를 여의고 어머니와 누나들의 손에서 자란 막내였다. 그 영향인지 계호는 소위 경상도 남자들에게서 쉽게 보이는 사랑 표현에 서툴고 인색한 면이라거나 "마! 남자다!"스러움을 1도 찾아볼 수 없는 그런 사람이었다. 늘 사랑 표현을 아끼지 않았고 애교섞인 목소리로 평생의 동반자를 부르는 이였다. 계호는 늘 영자를 양영자 씨~ 하고 불렀다. 그래서였는지 난 어린 시절 할머니 이름밖엔 알지 못했다. 계호라는 이름은 영자의 이름을 알고 오랜 시간이 흐른 후에 알게 되었다.

　그런 영자와 계호가 젊었던 시절, 그들이 살던 집엔 방이 세 개였는데, 큰방(영자와 계호의 방)과 가운데 방, 작은방, 다락방이 있었다. 그중 작은방이 언니인 용화와 지윤의 방이었다. 작은방은 이름에 걸맞게 무지 작았고, 책상은 하나뿐이었다. 그것도 계호의 아주 오래된 책상이었다. 하지만 용화와 둘이 방을 같이 쓰니 당연하게도 책상의 소유는 언니인 용화였다. 책상의 소유 경쟁에서 밀린 고작 11살 먹은 지윤은 책을 너무 좋아했기에 맨날 책상이 갖고 싶다고 노래를 불렀다.

　그 소원의 노래가 지겨워질 즈음 계호는 언니인 용화가 중학교 들어가는 것을 기념하여 용화와 지윤과 동생인 성훈의 책상을 하나씩 사다 주었다. 지윤은 그때 처음으로 자신의 소유인 책상을 갖게 되었다. 이 세상에 태어나 부모의 소유가 아닌, 형제의 소유가 아닌,

자신의 소유를 처음 가진 기억이라 오래도록 기억에 남는다고 했다. 그러면서 가장 좋아하는 책보다 오래 기억에 남는 책은 처음 자신의 것이 된 책이라며 지윤이 처음으로 가진 자기 책이 무엇이었는지를 말해주었다.

때는 지윤이 꾀병을 부리고 학교를 땡땡이를 친 어느 날이었다. 학교에 갔을 시간에 집에서 노닥이던 지윤은 가게에 나갔다가 잠깐 집에 들린 계호를 마주쳐 땡땡이를 친 것을 딱 들키고 만다. 그 순간 혼날 수도 있겠단 생각이 스쳐 굳어있던 지윤을 보곤 계호는 집 밖 창고에서 뭔가를 찾아 지윤에게 건넸다. 그것은 바로 어린이 잡지였다. 계호는 집에 혼자 있으면 심심할 텐데, 이걸 읽으면서 있으라고 말했다.

꾀병을 부리다 심심했던 찰나, 혼날 위기를 넘긴 지윤은 얼떨결에 읽을 것이 생겼고, 그 어린이 잡지를 전부 다 읽어버린다. 계호는 지윤이 너무나도 재미있게 그 잡지를 읽는 것을 보고는 그 시절에는 흔치 않던 정기구독을 시켜주었다. 지윤은 그 잡지를 무척이나 좋아했다. 잡지 뒤에 적혀있던 펜팔 주소를 보고 펜팔 친구도 사귀었다. 매달 잡지는 "정지윤" 이름 세 글자가 쓰여 배달되었다. 그 어린이 잡지가 바로 온전히 지윤이 가진 첫 책이었다.

계호와 영자는 그런 이들이었다. "청소년 인권"이란 말조차 없던 시절에 지윤에게 욕은커녕 일절 가시나(부산 사투리로 "계집애"와 뜻이 비슷하다.)라는 말도 쓰지 않았다. 자식들이 집에서 맞거나 욕을 듣는 것도 보편적인 훈육으로 일삼았던 시절에 말이다.

지윤은 그런 영자와 계호의 옆에서 사랑을 가득 받으며 유년과 청소년기를 보냈다. 늘 자신의 뜻대로 살고 다른 이들에게 사랑을 주고 사랑을 받는 사람이 되라는 말을 들으며 말이다. 사랑에 인색하지 않은 부모 밑에서 자란 아이는 커서 사랑에 인색하지 않은 부모가 되는 것일까? 지윤은 언제나 사랑한단 말을 빼놓지 않았고, 그 어떤 순간에도 사랑만큼은 희미해 보이게

하지 않았다. 나는 늘 지윤이 내게 주는 넘치는 사랑의 원천을 찾을 때 영자와 계호가 떠올랐다. 아직도 9시 뉴스를 보곤 지윤에게 전화를 걸어 안부를 묻는 그 사랑이 가득한 얼굴들을 말이다.

깨끗한 소망은 희서로부터

나의 태명은 희서였다.

기쁠 희에 편지 서를 써서 기쁨의 편지라는 뜻이었다.

배달이오.

지윤에게 전해진 기쁨.

고개가 숙여지는
깜깜한 밤에도,

고개를 들어
하늘을 보게 해주는
그런 기쁨이
되고 싶었다.

은효라는 이름 이전에 이름이 또 하나 있었다. 기쁠 희(喜) 쓸/편지 서(書)라고 써서 기쁨의 편지라는 뜻이었다. 다만 친 할아버지 경열의 "은" 자 돌림으로 해야 한다는 강경한 주장으로 인해 은효가 되었지만 말이다.

나는 태어나기 이전의 이름인 희서라는 이름을 나의 운명과도 같다고 느꼈다. 엄마와 아빠에게 전해진 기쁨의 편지. 그것이 바로 나의 존재의 진정한 이유이자 가치라고 여기며 살았다. 기쁨과 행복을 만들어 웃음을 주는 그런 딸이 되어야겠다고 생각했다. 특히나 다른 여느 딸들보다 조금 더 뛰어나고 조금 더 착한 딸이 되고 싶었다. 그것은 오랫동안 내안에 자리 잡고 엄청난 원동력이 되어 나의 대외적인 많은 면을 만들어냈다.

오죽하면 초등학생 때부터 "엄마가 보러오니까"라는 이유로 발표 날만을 손꼽아 기다렸고, 성공적으로 마친 후 받는 박수의 소리가 내 차례일 때 제일 크기를 바랐다. 잘했다며 나를 안아주는 엄마의 말을 듣는 것이 가장 보람찼다. 나의 엄마여서, 나를 딸로 두어서 자랑스럽고 으쓱하기를 무엇보다 바랐다.

그것이 바로 나라는 사람을 택한 보답이라고 생각했다. 물론 자식을 택해서 낳을 수는 없으니 정확히는 나의 엄마가 될 것을 택한 보답이라고 생각했다. 나를 낳지 않았다면, 자식을 낳지 않았다면, 결혼을 하지 않았다면 펼쳐졌을 또 다른 현재보다 행복하지는 않아도 모자라지는 않도록 하고 싶었다. 그리고 그게 바로 기쁨의 편지로써 엄마와 아빠에게 찾아온 나의 역할이었을 것이라 믿었다. 여러 힘들었던 나날이 있었다는 것조차 잊도록, 말간 미소만을 안겨줄 수 있기를 말이다. 희서로써 꿈꾸었던 다른 어떤 감정이 섞이지 않은, 깨끗한 소망이었다.

어느 밤에 젊은 날의 지윤이 떠올라 마흔여덟의 지윤 앞에서 눈물이 나고 말았다. 나는 그 젊고 활기차고 한 때는 외로웠을 지윤의 옆에 있어주지 못했다는 것을 알았다. 분명 그 누구도 버팀목이 될 수 없었던 그런 순간에도 자기보다 더 작은 몸을 지켜낸 지윤이 있었다.

이따금 돈은 사람을 무너뜨리지만, 사람은 사람을 무너지지 않게 한다고 한다. 지윤은 자신의 힘듦을 얼굴 밖으로 드러내는 사람도 아니었을뿐더러 힘든 과거를 잊지 못하고 계속 곱씹는 사람도 아니었다. 힘들었던 시기의 지윤에게 있어 후회나 우울감, 모든 것이 무너져 내리는 허망감과 같은 것에 푹 잠겨있는 것보단 일단 그냥 살아 나가는 것이 중요했다. 아무리 힘겨운 밤이 찾아온다 하더라도 일단 동이 트면 집 밖을 나서야 하는 것처럼 말이다.

내가 어리고 지윤이 젊었던 그 시절 지윤은 감기 몸살을 심하게 앓았던 적이 있었다. 지윤은 회사를 가지 못하고 안방에 누워있었다. 어렸던 나는 물을 떠서 지윤의 어리맡에 두고 작은 쪽지를 붙여뒀더란다. 그 쪽지엔 엄마 아프지 마요, 엄마 사랑해요 하고 써놨다고 한다. 지윤은 아직도 그 쪽지를 간직하고 있다고 했다.

그 쪽지를 보고는 힘이 나서 다시금 일어날 수 있었지 않았을까… 하고 말했다.

어렸던 나의 시선보다 한참 위에 있던 지윤의 얼굴이 내가 보지 못한 어떤 곳에서 눈물을 흘렸을지는 아무리 어린 시절의 기억들을 곱씹어내어도 알 수 없었다. 한숨과 눈물을 참는 법을 알고 모르는 것은 나이가 한 자릿수인 인간과 두 자릿수인 인간의 차이였을 것이다. 단단했던 어른에게는 성실한 그림자가 뒤따랐다. 나는 늘 희서가 되어 바랐다. 슬프고 힘든 일은 필연적으로 누구에게나 찾아오지만 지윤에겐 비껴가기를. 어떤 한숨이라도 뱉어내기를.

그 어린 소망은 마치 잔잔한 냇가의 물 같아 보였다. 다른 무수한 것들은 모래와 자갈처럼 가라앉고 오롯이 애정만이 맑게 떠오른 것 같았다. 바로 그런 깨끗한 소망을 두 손 가득 떠서 지윤에게 주고 싶었다.

무심한 행복

이따금 지윤은 내게서 자신을 겹쳐 보았고

피식 웃고는 했다.

그러나 내가 지윤에게서 날 겹쳐 보일 땐

왠지 모르게 눈물이 날 것 같았다.

돌이켜보면 지윤은 강인했지만, 눈물에 인색한 사람은 아니었다. 쉽게 주저앉는 사람은 아니었지만, 아픔에 둔감한 사람은 아니었다. 정말이지 무너지지 않고는 못배길 그런 순간이 찾아왔을 때가 있었음을 나는 알고 있었다. 지윤은 잠든 얼굴에 진 주름까지도 숨길 재주가 있는 사람은 아니었고, 방문을 닫는 것을 잊고 잠드는 사람이었기 때문이다. 어렸던 내가 문틈으로 들어가서 봤던 그 잠든 얼굴이 시간이 흐르고 내 거울에 스쳤을 때, 오래도록 마음이 사무쳤다.

엄마도 그랬을까? 어느 날 갑자기 소아암 환자들에게 모발기부를 하겠다며 4년을 넘게 기른 머리를 짧게 잘라버린 15살의 나를 보고는 같은 나이였을때 똑같이 짧은 숏커트 머리를 하고있던 자기얼굴이 떠올랐을지 모른다. 수산시장을 지나쳐갈 땐 비릿하게 코를 찌르는 바다내음에 부산의 일렁이는 바다가 떠올랐을 지도 모른다. 그렇게 떠올림과 그리움을 반복하며 사계는 돌아오고 시간은 벗겨져 갔을 것이다.

왜 엄마라는 말은 그 단어만 들어도 눈물이 날 것 같

을까? 왜 앨범 속엔 바로 어제처럼 선명한 엄마의 젊은 얼굴이 내 기억 속에선 이미 흐릿해져버린 건지 모른다. 야속하게도 아이는 부모의 시간을 갉아먹으며 자라날 수밖에 없었다.

　"은효야, 엄마의 인생을 동정할 필요가 없어."

　어느 날 지윤이 이 말을 하기 전까지 나는 몰랐다. 내가 가진 사랑, 감사, 그리고 안타까움 등 여러 가지가 한데 섞인 효심(孝心) 속 유독 색이 짙은 것이 "연민"이라는 것을 말이다. 지윤은 그걸 꿰뚫어 보고 있는 것만 같았다. 지윤은 흔들리지 않는 목소리로 이어 말했다. 지금 이 현재를 만든 것은 분명 과거에 있었던 여러 갈림길들에서의 선택이었지만, 그 선택들은 타인의 입김에 떠밀려 만들어진 것이 아닌, 오롯이 본인의 결심이었다고 말이다. 그리고 그 결심을 해냈던 순간의 용기를 다시 떠올린다면 지나간 날의 순간들에 후회도, 그 순간들이 만들어낸 현재에 좌절도 없음을 믿을 수 있다고 했다. 나는 그날 이후로 비로소 지윤을 향한 "연민"을 걷어낼 수 있었다. 내 눈앞에는 자신의 길을 자신이 선택해 걸어온 노련하고도 현명한 여행자가 서 있을 뿐이었다.

선택하지 않았던 과거의 수많은 선택지가 지금보다 나은 현재를 가져올 수 있었다고 의심하지 않는 것, 쉴 새 없이 흘러간 지난 시간 속에서 젊은 날의 용기 있는 얼굴을 잊어버리지 않는 것. 내가 밟아온 이 길을 돌아보면 결국 다른 누구도 아닌 나의 발자국이 있음을 아는 것. 바로 그게 자기의 삶을 스스로 만들어낸 이들이 감당해야 할 선택의 무게였다. 내가 그 흘러가는 시간들을 지윤과 함께하며 알아낸 것은, 그 어떤 상황에서도 사랑을 줄 줄 아는 이들과 사랑을 받을 줄 아는 이들은 행복을 만들어내기 마련이라는 것이다. 바로 그것이 무심하고 또 공평하게 흘러가는 시간 속에서 허락된 최대의 행운이었다.

털어내는 포옹

나와 지윤도 싸우는 순간이 있었지만,

눈물을 또르르 흘리며   포옹을 하면 싸움은 끝났다.

그 어떤 것이라도 털어낼 것이 존재하는 밤엔 잠에 잘 들지 못한다. 작고 작은 모래알 같은 것들이 온 몸에 가득 붙어 이리 몸을 뒤집어도 저리 몸을 뒤집어도 까끌까끌, 이불을 덮고 걷어차고 뒤집어버려도 까슬까슬하다. 모래가 되어 붙은 것들은 머리부터 발끝까지 씻고 누워도 쉬이 떨어질 생각을 하지 않는다. 어느 날엔 내 머릿속을 채워 모래주머니처럼 단단하고 무거운 두통을 가져오고 어느 날엔 아물지 않은 생채기에 모래가 가득 들러붙은 듯 따끔거려 잠에 들지 못했다.

한 번은 내가 처음으로 다니던 직장을 그만두겠다고 말하기로 결심한 날이었다. 그날은 일요일이었고 다음 날 회사에 가서 말해야겠다고 굳게 다짐을 한 후 잠자리에 누웠다. 굳은 다짐과는 달리 심장이 뛰기 시작했다. 긴장과 두려움 같은 것들이 온몸을 경직시켰다. 심호흡을 하고 어떻게 말을 하면 좋을지 시뮬레이션을 몇 차례 돌려보았다. 일단 아침 회의 끝나고 팀장님께 말씀드리고… 그리고 경영 팀장님께도 말씀드리고…

그리고… 횡설수설하게 해서는 안 된다는 마음으로 중 얼중얼 읊어보았으나 도저히 마음이 편해지지 않았다.

퇴사하겠다는 것이 잘못된 것도 아니고, 힘에 부쳤던 회사 생활을 견디지 못하여 내린 결정이었지만 난 내 자신이 실패했다고 생각했다. 5년제의 중고등 통합 대안학교를 다녀 졸업하고 보니 19살이었다. 나는 그 나이에 회사생활을 시작했다. 남들에 비해 어린 나이였기에 나이에 대한 선입견을 품은 사람들에게 여느 또래보다도 책임감 있고 열심히 해낼 수 있다는 것을 증명하고, 인정받고 싶다고 생각했다. 하지만 내 야심찬 포부와는 달리 나는 점점 지쳐가기만 했다. 식습관도, 수면시간도 흐름을 잃었다. 먹는 것과 자는 것이 삐걱거리면 사람은 생각보다 빠르게 고장 나버린다는 것을 그때 알았다.

어느 날 몸도 마음도 망가질 대로 망가진 채 퇴근을 하고 있었는데 지하철에 타자마자 눈물이 눈을 비집고 나오는 것을 느꼈다. 평소 같았으면 기를 쓰고 막았겠지만 그럴 힘도 없었다. 개방한 댐처럼 오랫동안 쌓아 온 무언가가 방류했다. 하필 퇴근길은 가장 인구밀도 가 높은 2호선 , 4호선 , 1호선을 거치는 노선이었는데 도저히 눈물을 흘리는 것에 집중할 수 없는 풍경이었 다. 결국 1시간 반 동안 수많은 사람들의 사이에 끼고, 치이고, 휩쓸리며 알뜰하게 눈물을 흘렸다. 바로 그날 집에 도착하고 눈물이 멎은 후 나는 퇴사를 결심했다.

이렇게 끝끝내 결심했던 퇴사인데, 그것을 내일 얘 기해야 한다고 생각하니 덜컥 겁이 났다. 지금까지 겪 은 그 어떤 고난과 역경보다도 이 퇴사 의사를 밝히는 것이 가장 어렵게 느껴졌다. 속 시원하게 할 말을 할 수 없을 것 같았다. 마지막까지 이렇게 두려움에 떨고 있는 내가 너무 한심하고 가여워 또 눈물이 뚝뚝 떨어 졌다. 나는 결국 잠들지 못하고 밤중에 지윤의 방문을 두드렸다.

자다가 깬 지윤은 우는 나를 보고 잠깐 놀랐으나, 이 내 나를 꼭 안아주고는 함께 누워 내 눈물을 닦아주었다. 나는 훌쩍이면서 말했다.

"나 너무 무서워. 그냥 내일이 오지 않고 내일모레가
왔으면 좋겠어. 이미 내가 다 말을 한 이후의 미래로
뛰어넘고 싶어."

지윤은 그 말을 듣고는 살며시 웃고는 말했다.

"내일은 올 거야. 그런데, 네가 생각한 것 보다 그 두
려움이 별거 아녔다는 것도 알게 될 거야. 그리고 너
는 내일모레 또 한 뼘 자라나 있을 거야."

말이 끝나고 나를 꼭 안아주었다. 신기하게도 더 이
상 눈물이 나지 않았다. 나는 지윤의 품에는 뭔가 특별
한 힘이 있는 것 같다고 생각했다. 눈물이 멈추자 쉴
새 없이 쿵쾅거리던 심장은 금방 안정을 찾았고 긴장
해서 손에 나던 땀도 멎었다. 금방이라도 잠이 올 것

같이 마음이 편안해져갔다. 그렇게 내 온 몸에 붙은 모래가 조금씩 털어져 나갔다. 까끌까끌, 까슬까슬, 따끔따끔한 것들이 한 알 한 알 떨어져 나가더니 내일이 오고 내일 모레가 오고, 나는 딱 모래알만큼 자라났다.

새터마을

새빨간 어린이집 가방을 메고,

걸을 때마다 삑삑 소리가 나는 신발을 신고서 말이다.

아주 요란하게 오르내렸다.

나는 지금껏 살며 이사를 세 번 겪었다. 걷지 못하던 시절에 이사한 것을 포함하면 네 번 겪었다. 걷지 못하던 시절에 했던 이사는 내가 인간보다는 이삿짐에 더 가까웠다. 그저 온갖 것들이 다 든 이삿짐 박스와 함께 서둘러짐을 나르는 사람들에게 안겨 안전하고 온전하게 옮겨지는 것이 나의 일이었다.

이삿짐의 일부이던 시절은 제외하고 내가 나의 첫 번째 집으로 인식하고 있는 집은 지하철역을 지나 찻길을 거쳐서 조금 더 걸어가면 보이는 곳이었다. '새터 마을'이라는 이름의 그 마을의 입구에는 오르막길이 있었다. 어린아이에게는 꽤 높고 길어서 어렸던 나는 끙끙거리며 그 길을 올랐다. 길의 끝에 있는 아담한 주택이 우리 집이었는데, 마당이 있어서 평상도 있고 은행나무도 한그루 있었다. 나는 한 자릿수 나이였을 때의 인생을 대부분 그곳에서 살았다.

생각보다 오래 살았던 집이지만 그 집에서의 추억들은 기억 속에서 누가 만두를 찐 것처럼 군데군데 김이

뿌옇게 있어서 또렷하게 기억나지는 않는다. 하지만 왠지 모르게 집 담벼락에 유난히 헐거운 돌이 있었고, 그 뒤에 누구에게 썼을지 모를 편지를 숨겨놓았던 기억이 난다. 또 가끔 거실에서 아빠와 단둘이 화투패로 고스톱을 쳤는데 매번 패배하던 내가 5광을 먹어서 이겼던 것도 왠지 모르게 또렷이 기억난다. 미취학 아동에게도 압도적 승리는 짜릿한 법이었다.

그 두 기억을 제외한 나머지는 대부분 오르막을 오르던 기억이다. 어렸던 내게 그 오르막은 너무나도 높은 관문이었다. 어린이집 버스는 오르막이 시작되기 직전에 날 내려주었고, 난 매일매일 그 오르막을 올라야 집으로 돌아갈 수 있었다. 새빨간 어린이집 가방을 매고, 걸을 때마다 소리가 나던 신발을 신고 아주 요란하게 삑삑거리며 오르막을 올랐다. 물론 대부분의 오르막길을 엄마와 함께했지만, 걷는 것은 나였다. 어느 날은 땀을 흘리고 어느 날은 짜증을 내며 올랐다.

그 오르막은 그 시절의 나는 아직 몰랐을 단어인 '시

련'과 닮아있었다. 나는 매일 매일의 고난을 뛰어넘고 시련을 견뎌내며 인생을 살아내고 있었다. 아무것도 모르는 것만 같은 한 자릿수의 인생도 그리 고달팠던 것이 사실이다.

최근에 그 주변을 우연히 지나치게 되어 옛날 집을 한 번 올라보았다. 난 무척 놀랐다. 그 오르막은 그대로였으나 내 기억처럼 그리 가파르지 않았던 것이다. 아니 가파르기는커녕, 거의 과속방지턱 수준으로 보였다. 그 굴곡은 '언덕'이라는 말에 조금 더 걸 맞았다. 어렸던 내가 느꼈던 가파름, 막막함과 같은 감정들이 저 얕은 굴곡에서 온 것이었다니, 생각보다도 더 어리고 작았을 것이 분명한 내가 그려졌다. 한 줌도 안 되는 아이가 꼭 자기의 상체만 한 어린이집 가방을 매고 신발을 삑삑거리며 시련을 견디는 모습이었다. 내가 꽤 멋진 어린이였구나. 하고 깨달았다.

나는 시간이 흘러 그 오르막이 있던 마을을 떠나 새로운 집으로 이사를 갔고, 그 집에서도 또 시간이 흘러

다시 새로운 집으로 이사를 갔다. 그렇게 몇 번의 이사를 거치며 10년이 넘는 시간이 흘렀다. 그동안 나는 그 가파르던 오르막보다 큰 시련을 마주할 때도 있었다. 말 그대로 "고난"이라 부르기에 적합한 것들도 조금씩은 꼭 찾아와 주었다. 하지만 삑삑거리는 신발을 신고 시련을 견디던 그 멋진 어린이를 떠올리니 모든 일들이 다 그럭저럭 버틸만하다는 것을 알게 되었다.

이제는 삑삑거리는 신발보다 삑삑거리지 않는 신발이 내겐 더 익숙하다. 분명 어렸을 때의 나는 삑삑 거리는 신발이 없으면 생기는 심심함과 무료함을 나보다 더 많이 걸어 다니는 어른들이 어떻게 견딜지 의문을 가졌었는데, 이젠 요란한 삑삑거림이 피곤한 귀를 가지게 되었다. 대중교통을 타다 아이들의 소리 지름과 때를 쓰는 목소리가 공간을 찢어지도록 채울 때면 지쳐버릴 때도 있다. 아무래도 모든 게 지금보다 작고 하찮던 내가 단 하나 지금보다 강했던 것이 있다면 귀가 아닐까 싶다. 나는 가끔 나약한 몸통에 강인한 귀를 가졌던 나의 유년이 떠오를 때면 어디 저 멀리서 희미하게 삑삑 소리가 들려오는 것만 같다.

한여름에 겨울부츠

어린 나는   길을 잃어버리고 만다.

상 하의로 내복을 입고,   신발은 은서의
                                          겨울 부츠를 신고 말이다.

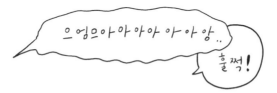

잠깐 집 밖으로 나간 엄마를 쫓아 나간 것이 문제였다.

누가 봐도 미아였던 나를
지나가던 초딩이 발견했고

파출소로 데려다주었지만,

← 경찰삼촌

우는 것을 멈추지는 않았다.

그 무시무시한 오르막이 있던 집에 살던 시절, 작디 작던 나는 큰 사고를 하나 치게 된다. 나에게는 오빠가 둘 있는데, 6살 터울의 첫째 은서, 4살 터울의 둘째 은민이다. 그들은 몸통만 한 어린이집 가방을 메고 삑삑거리며 걸어 다니던 나와는 아예 다른 존재였다. 둘은 이미 초등학생이었다. 대부분의 초등학생처럼 은서와 은민도 매일 학교를 마치면 친구들과 모여 동네를 이곳저곳 쏘다니며 놀았다. 유희왕 카드 게임, 고무 딱지, 팽이 대결, 닌텐도, 인라인, 자전거…. 매일 매일 다른 놀이를 했다.

그렇게 여느 때와 다를 것 없이 학교가 끝나고 친구들과 자전거를 타고 놀던 은서와 은민에게 작은 문제가 하나 생기고 만다. 서로 자전거의 체인이 얽혀 골목길에서 꼼짝달싹 못하게 되어버린 것이다. 생각보다 단단히 엉켜 아무리 용을 써도 풀리지 않았기 때문에 엄마 지윤에게 도움을 요청하게 된다. 그것이 바로 이후에 일어날 크나큰 사건의 발단이었다.

어린아이들은 대부분 자신의 힘으로 해결할 수 없는 문제가 생기면 엄마를 찾아 도움을 청했고, 왠지 모르게 엄마라는 존재는 그런 아이들의 문제를 간단히 해결해 내었다. 도움 요청을 받은 지윤은 재빠르게 골목길로 출동하였다.

지윤은 전화를 받고 나가기 전에 집에 함께 있던 참나무(은서 친구의 어머니의 별명)에게 나를 잠시 맡겨두었는데, 엄마를 무진장 좋아하고 머리가 잘 굴러갔던 나는 엄마가 사라지자 직접 찾으러 나가기로 마음을 먹는다. 날 봐주기로 한 참나무가 화장실을 간 틈을 노려 잽싸게 집을 빠져나갔다. 옷은 내복을 입은 체였고 신발장에서 아무거나 꺼내 신은 바람에 발에 맞지도 않는 은서의 하늘색 겨울 부츠를 신은 채 무작정 나와버린 것이다.

자기 신발보다 배로 큰 오빠의 신발을 무작정 신고

당차게 집을 나섰지만 내리막을 아무리 내려가도 지윤은 없었다. 당시의 나는 직진 말고는 몰랐고, 내리막을 내려가다 왼쪽 코너로 빠지면 있는 골목에 지윤이 있다는 사실은 꿈에도 모른 체 그저 직진본능이 이끄는 대로 걸어가 버렸다. 집을 나오면 바로 지윤이 있는 곳을 찾아 갈 수 있을 것이라 생각했던 나는 혼란에 빠지고 말았다.

그렇게 내리막길의 끝까지 내려간 나는 더 이상 직진할 곳이 없었다. 내리막길의 앞에는 큰 차도가 있었기 때문이다. 뒤를 돌아보자 내려올 때는 식은 죽 먹기였던 경사가 오르막길이 되어 나를 막아섰다. 이미 집을 나올 때 있던 용기는 지윤을 찾지못한 시점에서 다 사라져버렸고 다시 그 오르막을 올라 집으로 돌아갈 힘 따위는 없었다. 난 좌절하고 말았다. 서럽고 속상하고 엄마가 보고 싶고 집에 있을 걸 싶고, 모든 감정들이 뒤섞여 눈물이 터졌다. 말 그대로 오열하고 말았다.

그런 나의 모습은 영락없는 "길 잃은 아이" 였다. 상

하의는 내복을 입은 채로, 발 크기도 계절에도 맞지도 않는 겨울 부츠를 신고서는 혼자 펑펑 울고 있으니 말이다. 그런 꼴을 하고 울고 있는 아이에겐 사람들이 걱정스러운 관심을 주기 마련이니 얼마 안 가 나에게도 도움을 주러 온 이가 있었다.

초등학교 고학년 정도 되어 보이는 남자애였다. 그 남자애는 울던 내게 집이 어디냐고, 엄마 아빠는 어디 있냐고 몇 가지 물어보았지만, 그런 간단한 질문에도 대답할 상태가 아니던 나는 더 크게 우는 것 밖에는 하지 못했다. 결국 남자애는 내 손을 잡고 바로 옆에 있던 파출소로 데려가게 되었다. 파출소에서도 눈물은 멈추지 않았다. 순경 아저씨가 사탕을 하나 쥐어주었으나 그런 달콤한 유혹에 넘어가 우는 것을 잊어 버릴 내가 아니었기에 부지런하게 계속 울었다. 그로부터 조금의 시간이 흐른 후 지윤이 숨을 가쁘게 쉬며 파출소 문을 열어 울던 나를 익숙한 손길로 안았고, 그제서야 나는 울음을 멈추게 되었다. 안정을 되찾고 나니 손에 쥐어져 있는 사탕이 눈에 들어왔다.

그렇게 사건이 종료되고 집에 돌아와서는 모두 이 해프닝에 대해 한바탕 이야기를 시작했다. 실제로 사건의 원인이 되었던 은서와 은민의 꼬인 자전거는 지윤이 손을 대자 금세 풀렸고, 그 둘은 원래대로 다시 자전거를 탈 작정이었다. 하지만 화장실에 잠시 갔다 나온 참나무가 내가 사라진 것을 지윤에게 알렸고, 옆에서 그 소식을 들은 은서와 은민과 그들의 친구들이 모두 자전거를 타고 나를 찾아다녔다. 우리 동네와 옆 동네까지도 샅샅이 말이다. 지윤은 그 소식을 아빠에게도 알렸고 일을 하고 있던 아빠는 대낮이었으나 일을 접고 당장 집으로 달려왔다. 그 모든 것이 내복을 입고 겨울 부츠를 신은 작은 아이가 사라졌기에 일어난 일이었다.

우리 삼 남매는 각자 한 번씩 잃어버릴 뻔했던 사건들이 있었지만, 나의 실종 사건은 은서와 은민의 실종 사건과는 달랐다. 이 사건은 사람 많은 인사동에 가족다 같이 놀러 갔다가 인파에 휩쓸려 잃어버린 은민 실종 사건과도, 할아버지 할머니와 놀이공원에 놀러갔다가 화장실 앞에서 잃어버린 은서 실종 사건과도 달랐다. 이 사건은 바로 자발적으로 이뤄진 실종 사건이었다. 사실 실종보다는 가출에 좀 더 걸맞았다. "자발적인 집 나감"이었기 때문이다. 엄마를 찾아야겠다는 일념 하나로 이루어진 참으로 어이없는 사건이었다.

그리고 오직 나의 기억으로만 서술된 이 사건은 전부 진실이 아닐 수도 있다. 내가 내복을 입고 겨울 부츠를 신고 집을 나선 것 까지는 사실이지만, 실제로 오르막길을 내려온 곳에 파출소는 없었기 때문이다. 내가 알기로도 파출소는 십 년이 족히 넘도록 같은자리에 있었는데, 우리 동네의 건너편인 지하철역 앞이었다. 집에서 그렇게 먼 거리는 아니었지만 차도가 있어 어린아이 둘이 걸어서 갈 수 있는 거리가 아니었다. 당시 파출소에서 순경이 지윤에게 말해준 사건의 실제 경위는 이랬다. 오열하던 내 옆을 지나던 태권도 학원

차가 뭔가 이상함을 느끼고 차를 세워서 나를 태웠고, 그길로 역 앞의 파출소로 데려간 것이라고 한다. 아마 나를 구해줬다고 기억되는 그 남자애도 태권도 학원의 학생 중 하나였을 것으로 추측한다.

하지만 난 아직도 그 남자애의 손을 잡고 파출소로 걸어갔던 것으로 기억하고있다. 태권도 차도, 그 차를 타고 파출소까지 간 것도 내 기억에는 전혀 없는 일이다. 하지만 진실이 어떠했든 오열하는 아이를 혼자 두려하지 않았던 마음씨 따뜻한 사람들의 도움으로 인해 실종 사건은 빠르게 해결되었다.

아빠는 안심하고 일을 하러 돌아갔고, 은서와 은민은 다시 친구들과 자전거를 타러 갔다. 지윤은 집으로 돌아와 참나무와 함께 놀란 가슴을 진정시켰다. 둘은 눈앞에 있는 기막힌 가출 꼬맹이를 보고는 웃음을 멈출 수가 없었다. 나는 자신이 무슨 사고를 쳤는지 알지도 못 한 체 지윤의 옆에 붙어 앉아선 순경 아저씨에게 받아온 사탕을 언제 먹을지 생각하며 즐거운 오후를 보냈다. 그리고 나는 그해 겨울, 내 발에 꼭 맞는 예쁜 분홍색 겨울 부츠를 가지게 되었다.

감전사고

몸이 작던 어린 나는
대야에 물을 받아
목욕하는 것을 좋아했다.

노란 고무 오리 두 마리가 내 목욕 친구였다.

어느 겨울날 목욕을 하다
너무 추워서 아빠가
드라이기로 온풍을 보내주었는데,

이런!! 은효야!!

손이 미끄러져서
드라이기와 내가 대야에
함께 빠지고 말았다.

짜릿!!

흐어어어어엉
우리은효……
많이 아팠지……

아빠는 오열하고 말았다.

바로 건져진 나

마당이 있는 집은 어린 삼 남매가 있던 우리 집으로 써는 여기저기 숨고 뛰어놀기에 아주 좋은 집이었지만 겨울만 되면 너무 춥다는 것이 문제였다. 특히 화장실은 무지 추웠는데, 볼일을 볼 땐 욕실 슬리퍼를 신고도 까치발을 하고 서기일 수 있고 샤워를 할 때도 온수가 나오기 전까지는 몸을 웅크리고 최대한 체온을 유지해야했다.

바로 그 추위 때문에 일어난 짜릿하고 큰 사건이 하나 있었다. 때는 유난히 조금 더 추웠던 겨울날이었다. 그날은 아빠가 나를 목욕을 시켜주는 날이었다. 아빠는 날 목욕 시켜줄 때면 작은 분홍색 대야에 물을 받고 노란 오리를 두 마리 띄워주었다. 나는 그 오리 두 마리만 있으면 목욕을하는 내내 참방거리며 아주 잘 놀았다고 한다. 다만 그날은 유독 너무 추웠다. 목욕을 시켜주던 아빠는 어떻게 하면 조금이라도 따뜻하게 해줄 수 있을지 고민하다 드라이기로 따뜻한 바람을 보내줘야겠다고 생각하게 된다.

아빠는 나를 무릎에 앉히고 수건으로 덮은 다음 따뜻한 바람을 보내주었다. 그런데 처음에는 무릎에 안정적으로 앉아 있던 내가 그만 남아있던 물기에 미끄러져서 무릎에서 떨어진 것이다. 아빠는 순간적으로 그런 나를 잡아 올리려다가 드라이기를 놓쳐버리고 말았고 결국 나와 드라이기가 함께 욕조에 빠져버리고 말았다. 순식간에 전류가 흘러서 나는 감전이 되고 말았다. 그런 나를 0.1초 만에 반사적으로 건져낸 아빠의 몸에도 순간 찌릿하게 전기가 통했다고 한다.

찰나의 순간이지만 온몸에 흘렀던 전기에 깜짝 놀라버린 나는 울음을 터트렸고, 그 모습을 본 아빠는 너무 걱정이 되고 미안해서 펑펑 울어버리고 말았다. 그로부터 며칠간은 혹시 나한테 감전에 대한 후유증이 있나 유심히 지켜보았다고도 한다. 다행히 나는 아무런 이상 없이 건강했지만 아빠는 그 일이 있고 난 후 전구를 가는 것조차 싫어하게 되었다고 한다.

이 이야기를 하며 아빠는 정말 어떻게 자기가 그렇

게 부주의했었는지 이해가 가질 않는다며 머쓱한 웃음
을 지었다. 이 이야기를 들은 나도 웃었다. 늘 철저하
게 계획적이고 이성적인 판단하에 움직이는 아빠도 추
워하는 어린 딸 앞에선 물기 있는 곳에서 드라이기를
써버린 바보가 되었기 때문이다.

그렇게 어찌저찌 따뜻한 바람을 보내주려는 이가 있
어 유독 추웠던 해에도 춥지 않을 수 있었구나. 온 몸
에 짜릿하게 전기가 통하는 와중에도 망설임 없이 손
을 뻗어 날 건져내 주는 이가 있어 살아남을 수 있었구
나. 내 기억엔 이미 사라지고 없는 그 찰나의 찌릿한
통각도 터져버린 울음소리도 아빠의 손과 귀에 생생히
남아 전구에 손을 대지 못하게 했다.

거센 바람과 서늘한 추위에 홀로 맞서지 못하는 시
절은 왜 그렇게 쉽게 잊히고 말까. 언제나 곁에서 날
대신 씻겨주고, 닦아주고, 입혀주고, 숨 쉬듯이 삶을
빚졌을 터인데 참 쉽고 당연하게 잊혀 버렸다. 기꺼이
기억에 남지 않는 밑거름이 되어준 그 젊은 얼굴들이

떠올라 잠시 웃고 조금은 눈물이 날 것 같았다.

주마등

마당이 있던 주택에서 살았을 때는

여름만 되면 옥상에다가
텐트를 치고
가족끼리 캠프를 했다.

주전부리가 떨어져
은서와 먹거리를
가지고 올라오는 길이었는데

계단을 오르다 그만
중심을 잃어 추락할 뻔했다.

다행히 은서가
내 손을 낚아챘고,

난 살아남았다.

나는 사람들이 죽기 전에 주마등이 스쳐 간다는 말을 믿는다. 지난 인생이 빠르게 되감아지며 후회하는 일, 소중한 일, 여러 일들이 한순간에 빠르게 기억 속에서 스쳐 간다는 그 놀라운 경험을 실제로 해본 적이 있기 때문이다. 그것은 내가 아직 10살조차 되지 않았던 때였다.

때는 오르막이 대단했던 새터마을의 집을 떠나 첫 번째 이사를 마친 후였다. 새로운 집도 주택이었다. 대문을 열면 현관이 있고, 앞마당엔 나무가 한그루 있고, 작지만 식물을 심을 수 있는 화단도 있었다. 그리고 특히나 특별했던 것은 뒷마당에 있는 계단을 통해 올라갈 수 있는 옥상이었다.

우리 가족은 매년 여름밤이면 그 옥상에 텐트를 치고 캠프를 했다. 옥상에 누우면 별이 몇 개 보이던 것이 너무 좋았다. 캠프장에 가지 않아도 캠프에 온 것 같은 기분을 내주었다. 특히 옥상 캠프를 하는 날이면 큰 마트에 갔고, 잘 사주지 않던 인스턴트 음식도 많이

사주었기에 기분이 너무 좋았다. 그렇게 잔뜩 산 주전
부리를 먹고 별을 보면서 옥상 텐트에서 행복한 시간
을 보냈다.

하루는 그렇게 캠프를 하다가 텐트에 가지고 온 과
자를 다 먹고도 조금 배가 고파졌다. 나와 큰오빠 은서
는 먹을 것을 더 가지러 주방에 내려갔다 오기로 했다.
마트에서 사 온 박스를 뒤져 컵라면을 챙기고 야무지
게 맥반석 오징어와 전기구이 오징어를 취향별로 챙겨
서 다시 옥상으로 가고 있었다. 밤이라 주위는 어두웠
고 계단은 가파른 편이었지만 나는 아무런 주의성 없
이 신나게 폴짝거리며 계단을 뛰어 올라갔다. 아니나
다를까 순간 발을 헛디뎌 중심을 잃어버리고 말았다.
하필 계단 꼭대기였다. 꼼짝없이 떨어질 것을 확신했
던 바로 그 순간 내 짧은 인생의 주마등이 스쳐 지나가
는 것을 느꼈다. 엄마의 하얀 뾰족구두를 신어보고 놀
다가 초록색 페인트를 밟아 더럽혔으나 묵인 한 것, 밤
에 이불에 오줌을 지렸으나 모르는 체 한 것, 문구점에

갈 때마다 한 장씩 사서 모아 애지중지하던 스티커 북, 불빛을 비추면 보이는 낙서 펜으로 주방 벽지에 적어 놓은 비밀까지도 말이다. 아주 순식간에 떠올랐다.

오빠의 보물이었던 유희왕 카드 앨범을 구경하다가 실수로 표지를 구겨버린 것과 500원에 사와 애지중지 길렀지만, 며칠 안 가서 시름시름 앓고 죽어버린 병아리의 얼굴도 떠올랐다. 바로 그때쯤 나는 극적으로 구조되었다. 내 앞으로 계단을 올라가던 은서가 내가 미끄러진 것을 보고 반사적으로 손을 낚아챈 것이었다. 덕분에 내 심장은 저 멀리로 떨어져 나갔다가 다시 달라붙었다. 충격에 심장이 멈췄다가 다시 뛰기 시작했다. 아찔한 계단 밑과 나보다 더 놀란 은서의 눈을 보고 내가 죽다 살아났다는 것을 깨달았다.

지금 와서 생각해 보면 내가 그 계단에서 떨어졌다고 하더라도 즉사하지는 않았을 것이지만,(물론 나의 체격과 계단의 가파른 정도를 생각하면 못 해도 중상이었을 것이다.) 나는 그 짧은 시간 동안 죽음과 삶의 경계에서 내

짧았던 인생을 복기한 것이다. 양심에 찔려 사실대로 고백하지 않았던 잘못들도, 창피함에 숨겼던 진실도, 소중한 물건도, 들키지 않으려 노력한 비밀도, 끝까지 지켜주지 못하고 떠나보낸 병아리와의 추억도 죽음을 앞에 두고는 몰아치듯 나를 스쳐 갔다. 그것은 너무나도 충격적이고 놀라운 경험이었기에 오랜 시간이 지난 지금도 또렷하게 그 감각을 기억한다.

아마도 내가 웬만한 공포영화로는 뛰지 않는 단단한 심장을 가지게 된 이유는 죽음을 코앞에 두고 스쳐지나갔던 그날의 주마등을 경험했기 때문일 것이 분명하다.

자전거 뒷 안장

나는 빨간 셔틀버스를 타고
어린이집을 다녔다.

버스는 아침마다
정해진 코스를 돌았고,

제시간에 버스가 지나는 정류장에 서있어야 했다.

매일 아침 은민은
자전거로 정류장까지 데려다주었다.

신났다.

은민은 날 자전거에 태우고
늘 이렇게 말했고,

나는 늘 그렇게 했다.

옥상에서 떨어져죽을 고비를 넘기던 시절, 나는 어린이집을 다니고 있었다. 어린이집은 내가 살던 동네의 옆 동네(실종사건 당시 은서와 은민이 자전거로 나를 찾아 헤맨 곳이 이 근방이다.)에 있어서 등하교 셔틀버스가 운영되었다. 나는 매일 아침 정해진 시간에 정해진 빨간 어린이집 가방을 메고 정해진 골목에 서 있어야 했다. 골목은 집에서 3분도 되지 않는 거리에 있었지만, 어린 나는 그 골목까지 혼자 걸어가는 것을 싫어했다. 하지만 어린이집 버스가 오는 시간은 출근 시간과 맞아떨어져 여건상 부모님이 데려다주지 못할 때가 많았다.

당시 내 두오빠 은서와 은민은 이미 초등학교 고학년이었다. 당시의 초등학생들은 모두 두발자전거를 탈 수 있게 된지 얼마 되지 않아 어디든 자전거를 타고 갈 수 있는 곳이라면 무조건 자전거를 타고 다니는 이들이었다. 인라인, 씽씽 카, S보드 등 선택지도 다양했다. 걷는 것만이 이동방식이었던 때와는 달리 이동수단이 생긴다는 것은 그렇게 뽐내고 싶은 것이었다.

 그렇게 여느 초등학생들처럼 이동 수단이 생겼던 작은오빠 은민은 매일 아침 나를 자전거 보조 바구니에 태워 어린이집 버스 정류장까지 데려다주었다. 내가 자전거 보조 바구니에 들어가지 않게 되자 나를 뒷 안장에 앉혔다. 은민은 내게 무서우면 허리를 꼭 안으라고 했다. 나는 자전거를 타고 다니는 초등학생들을 잘 신뢰하지 않는 깐깐한 어린이였기에 늘 반신반의 하며 자전거에 탔다. 허리를 붙잡지 않아도 떨어지지 않을 것이라는 자존심을 가지고 있었다. 하지만 매번 자전거가 출발하자마자 그 자존심은 무너졌고 은민의 허리는 작은 두 손에 꼭 안기고 말았다.

 걸어서도 얼마 걸리지 않는 거리에 있던 정류장은 자전거를 타니 더 빨리 도착했다. 한 1분 30초 쯤 걸렸을 것이다. 어린이집 버스는 매일 같은 시간에 정류장에 도착해 나를 태웠고, 은민도 매일 나를 데려다주었다. 추운 날에도, 더운 날에도 은민은 그렇게 했다. 내가 어린이집을 졸업할 때까지 말이다. 생각해보면 그런 은서와 은민이 있었기에 부모님이 필요했던 잦은 순간들에도 외롭거나 슬프지 않았다. 어린이집 버스를 타러 가야 했던 시절을 지나 다른 순간에도 말이다.

　내가 초등학생 시절을 지나 중학교에 입학하던 입학식 날, 부모님은 둘 다 피치 못할 일이 생겨 입학식을 오지 못하게 되었다. 내가 입학하게 된 학교는 매년 입학식 날에 신입생들의 학부모들이 모여 응원의 의미가 담긴 노래를 불러주는 시간이 있었다.

　나는 다른 아이들과는 달리 부모님이 오지 못하는 것을 알고 있었기에 큰 기대를 하지 않았던 시간이었지만 노래가 시작되자 상상도 하지 못한 풍경에 웃음을 터트리고 말았다. 당시 고등학생이던 은민은 혹시라도 내가 속상해할까 봐 자기보다 나이가 두세 배는 많은 학부모들 사이에 껴서 가장 큰소리로 노래를 부르고있었다.

　또 그 입학식으로부터 한 해가 지난겨울엔 큰 발표

회가 있었는데, 내가 반의 대표가 되어 각본을 쓰고 연출해낸 연극을 선보이는 발표회였다. 나는 그 시기 정말 그 발표회를 잘 해내기 위해서 갖은 노력을 했다. 지금이라도 누군가 인생을 살며 가장 열심히 살던 순간을 물어본다면 나는 그 연극발표회를 준비하던 때라고 대답할 것이 분명하다. 하지만 발표회의 날짜는 평일 오후였고 학교는 수도권에서 멀리 떨어져 있었기에 일이 바쁜 부모님은 보러 올 수 없었다.

발표회는 총 네 개의 연극으로 구성이 되어있었는데, 각반 마다 한 학기 동안 준비한 연극을 보여주는 형식이었다. 순서는 제비뽑기로 정했고 우리 반의 발표 순서는 가장 마지막인 네 번째였다. 다른 친구들은 대부분 연극을 시작하기 전에 온 부모님들에게 인사를 하고 있었고, 나는 긴장한 상태로 다시 한 번 나의 대사를 떠올리며 발표회장의 앞에 놓인 귤을 까먹고 있었다.

발표회가 시작되었고 첫 번째 반이 연극을 시작하고 마칠 때쯤, 강당의 문이 슬쩍 열렸다. 그 문을 연 것은 큰오빠 은서였다. 나의 발표를 보러 왔던 것이었다. 귤을 먹던 나는 깜짝 놀랐다. 대학에 다니던 은서는 학교 강의가 끝나고 바로 출발해 3시간 거리의 내 학교로 온 것이었는데, 첫 번째 순서였으면 힘들게 와서 보지도 못했을 거라고 다행이라는 이야기를 해주었다. 나는 너무 기분이 좋았다. 내가 열심히 준비한 연극을 봐줄 사람이 왔기 때문이었다. 갑자기 조금 더 긴장되기 시작했다. 정말 잘하고 싶다고 생각했다.

시간이 조금 지나고 마지막으로 우리 반 연극 순서도 다가왔다. 나는 열심히 내가 만들어낸 연극을 보여내었다. 대사 하나 틀리지 않았다. 그리고 연극의 막이 내리자, 강당을 가득 채울 것 같은 커다란 박수 소리가 들렸다. 분명 은서의 박수 소리도 섞여 있을 것이 분명했다. 그 큰 박수 소리를 들었던 그날은 내 인생에서 손에 꼽을 만큼 소중한 날 중 하루가 되었다.

그렇게 은서와 은민은 늘 나를 채워주는 이들이었다. 부모보다는 친했고 친구보다는 덜 친했다. 언제나 나의 편에 서 있었던 그 두 사람으로 인해 나는 다시 한 번 웃고, 힘을 얻었다. 어릴 적 자전거 뒷 안장에 나를 태우곤 떨어질 것 같으면 허리를 꼭 안으라고 하던 때부터, 지금까지 말이다.

얼음물

은서는 중학교 2학년 때 첫 핸드폰을 가졌다.

나에게 있어 엄마에게 전화를 걸 방법은
은서의 핸드폰으로 거는 것뿐이었다.

핸드폰 사용에 있어 은서는
"얼음물" 이라는 제도를 만든다.

얼음물! 이라 외치면
30초 안에 얼음물을 가져다주는 것이다.

나는 전화 한 번에
얼음물 1~10회 계약을 했고

겁도 없이 계약을 반복하던 난
다량의 빚을 지게 되었다.

무한이 뭔데?

얼음 물
"무한" 어때

셀 수 없을 지경이 되자
은서는 엄청난 제안을 하게 된다.

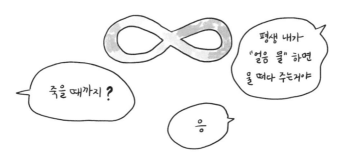

죽을 때까지?

평생 내가
"얼음 물" 하면
을 떠다 주는거야

응

부당 계약이 분명했다.

어린 날의 나는 참으로 겁도 많고 눈물이 많았다. 지금도 많지만 그때는 더 많았다. 특히 밤이 되면 집으로 들어오는 골목길이 끔찍이도 무서웠다. 골목의 모서리에 딱 하나만 있던 가로등은 지나는 이들의 그림자를 끝도 없이 길게 늘어뜨렸고 집집마다 문 앞에 묶어서 내놓은 쓰레기봉투들마저 깜깜해지니 잠들어있는 괴물로 보이곤 했다.

당시 지윤은 퇴근이 늦어지는 순간이 많았는데, 집으로 돌아오려면 그 무시무시한 골목길을 지나와야 했다. 나는 지윤이 너무나 걱정이 되었다. 방심한 찰나 잘못 밟은 그림자에 빨려 들어간다거나, 쓰레기인 줄로만 알고 실수로 잠든 괴물을 깨워버려 잡아먹힌다거나, 혹은 골목길에 늘 세워져 있던 검은색 자가용 안에서(선탠을 하여 내부가 보이지 않아 제법 수상하게 보였다.) 권총을 가진 아저씨들이 등장해 지윤을 납치해 갈 것만 같았다.

어떻게 해서든 지윤의 생사를 확인해야겠다고 생각

한 나는 유일하게 핸드폰을 가졌던 큰오빠 은서에게 전화를 한 통만 하겠다며 애원하였다. 하지만 은서는 골목길에는 그림자블랙홀도 쓰레기봉투 괴물도 잠복한 납치범도 없다는 것을 잘 알고 있었다. 그리고 무엇보다 지윤이 퇴근이 늦어진다는 것은 회사에서 어떤 바쁜 일을 하고 있단 뜻인데 그런 상황에 시도 때도 없이 살아있느냐며 전화를 거는 것은 무리라고 이야기했다. 그렇지만 나는 뜻을 굽히지 않았다. 일단 골목길에 그런 무시무시한 것들이 없다는 사실을 믿을 수 없었고, 지윤의 사회생활을 이해하기엔 아직 머리가 턱없이 작았다. 심지어 울고불고 떼를 쓰기에 아주 탁월한 목청을 가지고 있었기에 아주 강경하게, 지치지도 않고 졸라대었다.

　결국 내 생떼를 이기지 못한 은서는 "얼음물"이라는 제도를 만든다. "얼음물"이 어떤 것이냐 하면 핸드폰 소유권을 가진 이와 그 핸드폰을 사용하고자 하는 이가 철저한 갑을관계가 되는 계약이었다. "얼음물" 이라 외치는 사람(이하 갑이라 한다.)이 지시하면 계약을 한 사람은(이하 을이라 한다.) 얼음을 띄운 물을 30초 안에 가져다주는 것이다. 더 이상 떼를 쓰는 것을 받아주기도 지치고 마침 물을 떠먹기도 귀찮았던 은서는 자신이 가진 독점자본(휴대전화)을 사업화하는 데에 성공한 것이다. 사실 얼음물 제도는 시장의 독점으로 인해 이루어지는 불평등한 계약이었으나 어린 우리는 그 문제를 눈치채지 못했다. 그렇게 얼음물 제도는 순식간에 집에서 공공연한 규칙이 되었다.

얼음물 제도가 도입되자 밤에 엄마에게 전화하려면 5잔에서 10잔 정도의 얼음물 계약을 해야 했다. (핸드폰의 소유주인 은서의 기분에 좋으면 5잔 썩 좋지 않으면 10잔 정도로 책정되었다.) 엄마가 당장에라도 죽을 위기인데 그까짓 얼음물 5잔 남짓은 나에게 고민 대상도 되지 않았다. 나는 매번 고민 없이 계약했고, 전화를 걸 수 있게 되었다. 은서는 생각보다 내가 얼음물 계약을 너무 헤프게 성사하자 점점 얼음물 횟수를 늘려갔다. 처음엔 5잔에 한번 걸 수 있었던 전화는 어느새 20잔에 한 번 걸 수 있게 되었다. 나는 무척이나 어렸으나 사회의 물가 상승을 몸소 체감했으며 필수적인 소비는 불가항력이란 것도 습득하였다.

시간이 흐르자, 전화뿐만 아닌 온 갖가지 심부름과 잡일, 마사지권 등이 얼음물 화폐로 거래되기 시작했고 어느새 나와 은서의 얼음물 계약의 누적 횟수가 백 단위가 넘어갔다. 어느 순간 잔여 얼음물을 세는 것을 포기한 은서는 내게 "무한"이라는 새로운 제안을 했다. 그것은 바로 횟수에 상관없이 평생 무한대로 얼음물을 외칠 수 있고, 그때마다 얼음물을 떠줘야 한다는 것이었다. 뭔가 손해인 것이 분명했으나 지금까지 쌓인 얼음물의 횟수를 다 갚는 것도 불가능할 것만 같았던 나는 그 계약을 냉큼 해버리고 만다. 심지어 처음엔 은서하고만 했던 무한 계약을 어쩌다 보니 은민과도 해버렸다. 은민은 나와 비교해 전화 걸 일이 별로 없었고, 또 은서와 계약할 거리가 많지 않아 누적된 얼음물

20 정도를 갚으면 은서와의 채무 관계가 끝나는 사람이었다. 그래서 나와 무한 계약을 한 은민은 은서가 자신에게 얼음물을 외칠 때 그것을 나에게 다시 외쳐 넘겨버렸다. 그러면 나는 은서가 얼음물을 외쳐도 은민이 얼음물을 외쳐도 물을 뜰 수밖에 없었다. 그렇게 해방 없는 무한한 노동의 굴레에 빠진 것이다.

그 무한의 굴레가 깨진 것은 생각보다 아주 오랜 시간이 흐른 뒤였다. 옥상이 있던 주택에서 시작했던 얼음물제도는 아파트로 이사를 가고도 뿌리 깊게 잔존했는데 어느 날 우연히 삼 남매의 지독한 채무 관계를 목격해버린 아빠가 부모의 권력으로 한순간에 모두 파기해버렸다. 은서와 은민의 입장에서는 억울할지 몰라도 내게는 비로소 해방이 찾아온 것이다. 권력은 더 큰 권력의 앞에선 무력화되는 법이었다. 그렇게 얼음물 제도는 진보하는 사회에 맞춰 역사 속으로 사라지게 되었다.

시간이 흐르자, 그 셋은 권력 계층의 배를 불리는 불

평등한 제도와 부당 계약으로 인한 노예노동에 대한 문제의식을 가진 이들이 되어있었고, 그 모든 문제를 합쳐놓은 적절한 예시인 얼음물 제도를 떠올리면 도저히 웃음을 참을 수가 없었다.

소원은 지구멸망

꺅꼬닥

나는 아주 어릴 때부터
죽음을 무서워했다.

아이고오오오오이이이

나의 죽음이 아니라
주변 이들의
죽음이 두려웠다.

나? 별이 된 지윤

특히 지윤이 없는
세상이란

상상만으로도
의미가 없다고 느껴졌다.

자식이 되어선 부모에게 망언을 날리기도 했다.

결국 누군가의 죽음을 슬퍼하지 않으려면
이 세상 모두가 동시에 죽을 수밖에 없다는 것을 깨달았다.

나는 지구가 멸망하기를 바란 적이 있었다. 사람이 태어나면 언젠가는 죽음에 이르게 된다는 절대적인 세상의 이치를 알게 된 후였다. 어린 머리로 계산을 해보아도 생물학적으로 나보다 31년이나 먼저 태어난 지윤은 나보다 먼저 죽을 확률이 높았다. 나는 그 사실이 너무나도 원망스러웠다. 지윤이 죽은 슬픔을 감당할 바에야 나는 내가 지윤보다 먼저 죽고 싶다는 생각을 했다. 하지만 그것은 그 누구보다도 지윤에게 가장 큰 비극이 될 것이 분명했기에 생각을 접어야 했다. 그럼 지윤과 내가 같은 날에 죽는 것은 어떨까? 그것도 한 문제가 있었다. 남겨진 가족들은 동시에 두 사람이 떠나간 견딜 수 없는 슬픔을 감당하게 될 것이 분명했다.

그런 불상사를 막기 위해 어린 내가 떠올린 해결책은 우리 가족이 다 같은 날에 죽는 것이었다. 가족이 먼저 떠나 속상하고 아픈 걸 예비해 가족 전원이 같은 날에 죽는다면 일단 슬퍼할 사람은 없으니 그저 그런대로 좋은 것이 아닐까 생각했다. 하지만 얼마 가지 않아 할머니와 할아버지부터 친척들이 떠올랐다. 난 어린이의 1차원적인 사고방식으로 죽음의 범위를 넓혀야겠다고 생각했다. 친척들까지도 같은 날에 다 같이 죽는다면 우리 가족들과 친척들 모두 슬퍼하지 않을 수 있었다.

그런데 문득 친척들도 가족들이 있단 것이 떠올랐다. 그 친척들의 소중한 가족들은 어떻게 한담? 그럼 그 친척들의 가족들의 친척들은? 그렇게 생각하자 그 누구도 슬퍼하지 않고는 도저히 죽을 수가 없다는 것을 깨달았다. 딱 한 가지, 지구의 모든 인간이 한 번에 죽는 방법만 빼놓고 말이다.

그렇게 나는 지구 멸망을 바라게 되었다. 그 누구도 다른 이의 죽음에 슬퍼하지 않기 위해, 죽음만큼이나 괴로울 그 상실을 느끼지 않기 위해서, 모두가 다 죽음으로써 그 슬픔을 청산하는 것이다. 어떤 감당해 낼 수 없는 슬픔은, 그 슬픔을 느끼는 객체가 죽지 않고서는 도저히 사라질 것 같지가 않았다.

그때 나의 나이는 한 자릿수였다. 인간들이 집단으로 죽어버린다는 것이 얼마나 끔찍한 일인지를 알 길이 없었다. 하지만 정말 한 명도 빠짐없이 모두 죽는다면 그 끔찍함을 느낄 사람이 없지 않은가? 그리움도, 슬픔도, 괴로움도, 고통도 주인을 잃어 소멸할 것이다. 드디어 몇 천년을(혹은 그보다 길었을) 이어온 이 세상의 영원(寧原)을 끊고 정녕 무(無)로 돌아가는 것이다. 그보다 더한 평화(平和)가 또 있을까?

난 출근 시간의 기나긴 지하철 1호선을 탈 때나 신도림역의 수많은 사람들 속 끼어 있을 때, 이미 포화상태인 지면과는 달리 뻥 뚫린 하늘을 한 번 쳐다보곤 언젠가 무(無)로 돌아갈 그날을 떠올려 보곤 한다.

야속하고도 무색한 반복들

태어나 처음으로 장례식을 갔던 날을 잊지 못한다.

태어나 처음으로 더운 여름에 새까만 셔츠를 입은 날이었다.

8살 때부터 본 친구의 어머니가 사진 속에서 웃고 계셨다.

모두 가장 사랑했던 그 미소를 보고 많이 울었다.

활짝 핀 꽃을 보고도 눈물이 날 수 있단 걸, 그날 알았다.

아직도 생생하게 기억나는 날이 있다. 때는 중학교 3학년 여름방학이었다. 지윤에게 새까만 말을 전해 들은 아침, 어제는 존재했지만, 오늘은 떠나고 만 사람의 아들이자 아주 어린 시절부터 함께한 친구에게 짧은 문자가 왔다. "엄마가 돌아가셨어." 바로 옷을 허겁지겁 갈아입으려던 나는 내 옷장에 검은 옷이 없다는 것을 깨달았다.

결국은 구석에 꾸깃꾸깃 구겨져있던 검은색 얇은 셔츠를 찾아 대충 펴서 입고는 집을 나섰다. 평소엔 지윤과 외출을 할 때면 재잘재잘 수다를 떨지만 그날은 수다를 떨지 않았다. 지윤의 얼굴은 나보다 조금 더 어두웠다. 지방에서 장례가 치러졌기에 우리는 고속버스를 타고 터미널에 도착했다. 검은 옷을 입은 익숙한 얼굴들이 한곳에 모여 있었다. 본래대로라면 반가워 인사말과 근황을 주고받았을 터이지만, 그날만큼은 옅은 미소로 서로를 바라보기만 했다. 터미널에서 밖을 바라보니 태양이 이글이글 내리쬐고 있었다. 아스팔트

도로 위로는 아지랑이가 피어올랐다. 바라만 봐도 목이 탔다.

터미널에서 만난 초등학교 때 담임 선생님이 내게 보리차를 건네주었다. 집에서 우려서 빈 페트병에 담아온 것이 분명했을 시원한 차였다. 평소 같았으면 요즘 누가 물을 우려서 다니냐며 넉살 좋게 장난을 쳤을 테지만, 그날만큼은 입이 떨어지지 않아 말없이 그냥 타는 목을 축였다. 숲속에 있던 작은 초등학교를 졸업하고 3년이 지났다. 졸업하고서는 얼굴 볼 일이 없어 오랜만에 보는 얼굴들이 많이 있었다. 오늘이 아닌 날 만났더라면 더욱 반가웠을 것이며, 검은 옷을 입고 있지 않았더라면 서로 더욱 좋은 얼굴을 하고 있었을 것이다.

터미널에서 차로 얼마 가지 않아 장례식장에 도착했다. 향냄새가 나는 그곳은 바깥과는 아예 다른 공간처럼 보였다. 땀이 삐질삐질 나는 날씨였으나 들어가자마자 어떠한 서늘함을 느낄 수 있었다. 색색깔로 화려

하고 예쁜 꽃들 사이에 활짝 웃는 사진이 놓여있었다. 사진 속의 이는 세상에 더 이상 존재하지 않았으나, 세상에 아직 존재하는 이들을 밝힐 만큼 환하게 미소를 짓고 있었다. 그 환한 미소를 본 모두가 눈물을 흘리고 말았다.

공기의 질감이 달라지고 있었다. 그제야 나는 체감하였다. 내가 황금 같은 여름방학에 왜 고속버스를 탔었는지, 왜 이렇게 더운 날 긴팔 검은 셔츠를 입어 이마에서 땀이 나고 있는지. 모든 상황이 스쳐 지나가 땀이 차갑게 식었다. 누군가 심장 부근을 쥐어짜듯이 아파져왔고 눈물이 차올랐다. 흘리지 않으려 용을 쓰자 눈이 시리다 못해 팽창하는 것 같았지만 꾹 참았다. 비교할 수도 없을 만큼의 눈물을 이미 쏟아낸 것이 분명한 내 친구와 내 친구의 동생이 보여서였다.

나보다 두 살이 어렸던 친구의 여동생은 고작 열네 살이었다. 손목이 많이 남는 상주복을 입고선 머리를 하나로 질끈 묶고 있었다. 많이 울었는지 머리카락이

죄다 삐져나오고 헝클어진 채라 내가 다시 머리를 빗고 묶어주었다. 머리를 묶어주고는 옆에 있는 나의 친구에게 위로의 말을 건네고 짧게 근황 이야기를 나누었다. 안아주고 싶었지만 안을 수 없었다. 힘내라는 말도 날카롭게 느껴질 것만 같아 하지 못했다. 내가 어떤 행동을 취하고 어떤 말을 건넨다고 하더라도 어느 것 하나 달라지지 않을 게 분명해 보이는 눈빛을 보았다.

이후 어떻게 시간이 흘렀는지는 잘 기억나질 않는다. 눈은 팽창하고 목은 멘 상태로 일회용 용기에 차려진 음식을 먹었던 것 같다. 메뉴는 기억이 나지 않지만 정말 아무 맛이 나지 않았던 것은 기억난다. 마치 고무를 씹고 있는 기분이었다.

나의 인생에 있어 첫 장례식이었다. 윤미. 내 친구의 어머니였다. 어린 시절 친구의 집에 놀러 가면 하루 종일 놀다가 차려주시는 저녁밥을 얻어먹었다. 같이 내복을 입고, 카드 게임을 하루 종일 하다가 치즈 크러스트 피자를 시켜 먹을 때도 있었다. 가족 모두가 매운 것을 잘 먹던 친구의 집엔 늘 병째로 핫소스가 있어서 피자에 듬뿍 뿌려 먹곤 했는데, 그에 반해 우리 집은 피자를 배달 시키면 딸려오는 팩에든 작은 핫 소스조차 먹지 않아서 켜켜이 쌓아두기 일쑤였기에 처음으로 먹은 핫소스 뿌린 피자의 맛은 강렬했다. 나는 입술이 빨개지고 눈물이 막 나면서도 계속 먹었다. 맵고 입이 아파왔지만 같이 먹으니까 맛있었다.

초등학교를 졸업하고서 중학교 1학년이 된 여름 방학엔 친구 가족에 껴서 함께 2주 동안 일본 여행을 간 적도 있었다. 오사카의 고베, 사람이 그렇게 많지 않은 작은 마을에 있던 친구네 이모님 집에서 묵었다. 깨끗한 거리, 정갈한 건물들, 매미가 우는 거리를 걸으면서 일본 TV 채널 어디를 돌려도 나오는 애니메이션 이야기를 했다. 오전엔 골목골목이 향긋하던 마을 속을 무작정 걸어 다니다가 새하얀 쇼트케이크가 맛있는 카페를 찾았고, 저녁으론 이모님이 해주시던 얼음을 동동 띄운 소바를 만들어 먹었다. 가끔 잠이 오지 않을 땐 밤거리를 걸어 다니다가 짱구에 나오는 꽃 모양 커스터드푸딩을 사 와서 먹었다. 여름을 맞아 유카타를 입은 이들이 한가득인 나츠마츠리(일본의 여름 축제)에서는 간 얼음에 새콤달콤한 과일시럽을 뿌려 먹는 일본식 빙수를 사서 먹으며 밤하늘을 가득 채우며 요란하게 터지는 불꽃놀이를 보기도 했다. 지금 떠올려도 너무나도 행복했던 여름날의 기억으로 남아있다. 나는 그때 잔뜩 사 온 꽃향기가 나던 입욕제를 욕조에 풀어 쓸 때마다 늘 그해의 여름이 떠오르곤 했다.

딱 그 여행으로부터 2년 후의 여름이었다. 가까웠던 이의 죽음은 처음으로 내게 칠흑같이 깜깜한 하늘을 보여주었다. 장례식장에서 나와 사람들과 인사를 하고 터미널에서 집으로 돌아가는 고속버스를 탔다. 돌아오는 길에 옆자리에 앉은 지윤의 얼굴을 봤다. 그리고 창문을 봤다. 버스는 무리 없이 달리고 있었고, 에어컨 바람은 시원하다 못해 시려왔다. 바로 그때 참아왔던 눈물이 넘쳐흘렀다. 너무 주제넘지 않으며, 또 너무 매정하지는 않을 만큼. 나에게 있어 소중한 이였던 그 분에게 나는 그만큼의 눈물을 보냈다.

목적지에 도착해 고속버스에서 내리자 에어컨의 냉기가 증발했다. 순식간에 나는 내 얼굴에서 다시 땀이 난 것을 알았다. 와중에도 이 세상은 너무 아무렇지 않게 더웠다. 어떻게 세상이 이렇게 아무렇지 않게 흘러가고 있는 거지? 어떻게 나는 걷고 있지? 무섭도록 지면에 딱 붙은 발을 보고는 온전한 중력을 실감하였다. 그리고 누군가가 사라졌음을 알 길이 없는 수많은 타인의 태연한 얼굴들을 지나쳐 집에 돌아왔다.

너무나 고귀한 한 사람의 세상이 저물었음에도 아무렇지 않게 해가 뜨고, 바람이 불었다. 무섭도록 어제와 같은 오늘이 이제 다시는 어제와 같을 수 없는 이들에게는 야속했다. 누군가가 오늘 분명히 사라졌음에도 나는 땀을 흘리고, 걸었다. 걸으니 지쳤고 배가 고파서 밥도 먹었다.

처음으로 행복이라는 감정을 알게 된 날은 떠오르지

않지만, 처음으로 그런 영원한 작별의 의미를 알게 된 그날은 영원히 잊히지 않을 것이다. 그날이 있었기에 나는 죽음이 어떤 형태의 것인지를 얼핏 알아차렸다. 그것은 잔인하도록 현실적이고, 무섭도록 선명한 것이었다. 다시는 되돌릴 수 없어서 고통스러운 것이었다. 그 거대하고도 넓고, 애달프고도 눈부셨을 한 인생이 저물어 그 모든 눈부심의 세월이 순식간에 그림자처럼 가까운 사람들을 뒤덮었다.

신이 모두의 아픔에 공감했다면 시간은 흘러갈 수 없었을 것이라던 지윤의 말이 떠올랐다. 저문 해를 다시 띄울 수 없었을 것이며 내리쬐는 햇살에 굴복하여 바람 한 줄기 보낼 수 없었을 것이다. 결국 신은 모두의 아픔을 알기에 이 세상을 굴리는 선택을 했다. 그리고 그 태연한 흐름 속에서 우리는 다시 밝고 눈부신 아침 해를 보게 될 것이다. 그 어떤 슬픔과 괴로움이 찾아와도 결국은 내일은 다시 내일의 해가 뜬다는 그 야속하고도 무색한 반복이 언젠가 위로를 줄 테니.

탯줄 자르기

어린 나를 떠올리면 마음이 시큰할 때가 종종 있었다.

나는 밤에 늦게 돌아오는 지윤이
혹시 죽을 까봐 매일 밤, 잠을 자지 않고 기다렸다.

사랑한 만큼이나

앓을까 무서웠다.

무사히 집에
돌아오기를...

꼬옥...

소망하는 것밖에는 못 하는 수많은 밤이 있었다.

시간이 흘러 폴더 폰의 시대가 가고
스마트 폰의 시대가 왔듯,
나는 더 이상 지윤의 죽음을 두려워하지 않게 되었다.

이제는 어린 날의 나를 안아주고 싶다.

이 책의 전체적인 결론이자 핵심은 바로 이별이다. 애정으로 시작한 이야기를 이별로 끝낸다니, 무척이나 모순적인 끝맺음이 아니냐고 생각할 수 있을 것이다. 하지만 이별은 그녀를 사랑하기 위해 그녀의 몸에서 나왔던 처음의 만남과도 같다. 뜨거운 눈물과 땀을 흘리며 한 몸이었던 서로를 벗어나던 그때의 우리처럼 말이다. 그 안간힘은 서로를 마주하기 위함이었음을 이제는 안다.

난 당신의 뱃속에서 세상의 아픔과 눈물은 모른 채, 도시의 잿빛도 모른 채, 공기의 질감과 지나는 계절의 온도를 모른 채 "희서"로써 보호받았다. 그것은 은효가 되기 이전의 삶, 지윤의 몸에서 아주 조금씩 살을 붙여나가고 있던 전생의 나일지도 모른다고 멋대로 믿었다. 이 세상에 나기 전에 내게 붙여졌던 이름. 기쁨의 편지가 될 것이 분명했던 아이 말이다.

결국 나는 당신을 더 사랑하기 위해 당신을 벗어났다. 밥을 먹을 때에 젓가락을 부딪치며 반찬 싸움을 하는 사이가 되기 위해서, 산책하다 풀린 신발 끈을 묶어주는 사이가 되기 위해서 말이다. 난 태초의 발버둥을 치며 그 질기고도 아름다운 탯줄을 잘라내었다.

닫는 은효의 말

저는 초등학생 때부터 글을 쓰는 것을 좋아했는데, 이유는 간단했습니다. 제일 좋아하는 말이 뭐냐고 물으면 "잘한다는 말"이라고 할 정도로 칭찬받기를 좋아하는 아이였기 때문입니다. 글을 쓸 때마다 칭찬을 받았기 때문에 제가 글을 잘 쓰는 사람이라고 생각했고, 자연스럽게 글을 쓰는 것을 좋아하게 되었습니다.

한 번은 초등학교 4학년 때 같은 반 친구들과 담임선생님의 본가였던 대부도에 놀러 가게 되었습니다. 선생님 댁엔 큰 포도밭이 있었는데 저와 친구들에게 작은 포도나무 모종을 나누어 주고 밭에 심어보게 해주셨습니다. 그래서 저와 친구들은 작은 삽으로 구멍을 파고, 모종을 넣고 흙을 덮으며 열심히 포도나무를 심었지요. 포도나무 심기를 마치고 나서 선생님은 종이를 한 장씩 나눠주시며 포도나무에 하고 싶은 말이나, 모종을 심으며 느꼈던 것들을 시로 써보라고 하셨습니다.

저는 칭찬을 받고 싶던 아이였기 때문에 어른들이 좋아할 만한 말들을 그럴듯하게 흉내 내며 시를 지었습니다. 노력해서 심은 일이 뿌듯하였고, 포도나무가 잘 자랄지 궁금했고, 나중에 다시 보러오고 싶은 추억이 되었다는 길고, 교훈이 가득한 시였지요. 위풍당당하게 그 누구보다도 시 짓기를 먼저 마치고 선생님께 드린 뒤, 조금 뒤 있을 발표 시간만을 기다렸습니다. 또 칭찬을 받을 것이 분명하다고 생각하며 다른 친구들의 시보다 훌륭할 것이 분명한 제 시를 읽고 또 읽어 보았습니다.

그런데 발표 시간에는 예상치 못한 일이 일어났습니다. 바로 제 시가 아닌 다른 친구의 시가 모두의 주목을 받게 된 것이지요. 그 시를 지은 친구는 말수도 적고, 울음도 많고, 다른 친구들보다도 행동도 말도 느릿느릿하여 거북이라는 별명이 있던 친구였는데 그 친구는 모두 시를 다 완성하고 나서도 가만히 앉아 본인이 심은 포도나무를 바라보고 있었습니다. 그리고 다른 친구들보다 훨씬 늦게 시를 완성했지요. 그 짧은 시의 내용은 이랬습니다. " 잘 커라, 잘 커서 네 모습을 보여줘라."

모두 그 시를 듣고 놀랐고 저도 적지 않은 충격을 받았습니다. 제 시가 주목받지 못한 것도 아쉬웠지만 그 친구의 시에는 뭔가 특별하고 대단한 것이 있는 것이 감각적으로 느껴졌기 때문입니다.

　그 이후로도 저는 자라나며 많은 글을 썼지만, 한 가지 의문이 저를 떠나지 않을 때가 많았습니다. "내가 재능이 있는 것이 맞을까?"하는 글 쓰는 사람이라면 피해 갈 수 없는 필수적이고도 괴로운 관문이었지요. 만약 내가 재능이 없다면 굳이 글을 더 쓰고 싶지 않다고 생각 했습니다. 문득 그 친구의 시가 떠오를 때면 누가 보아도 탁월한, 의심할 수 없이 재능이 보이는 글은 도대체 어떻게 쓸 수 있는 것일지 궁금했습니다. 하지만 다시금 그 포도나무 밭으로 돌아간다 해도 제가 모범적인 시가 아닌 어떤 빛나는 시를 지을 수 있을지는 모르겠다는 생각이 들 뿐이었습니다.

　그러던 중 책을 읽게 되었는데 그 책에선 결국엔 쓰는 사람이 작가가 된다고 적혀있었습니다. 오래도록 쓰고 보니 재능보다도 중요한 덕목은 지구력이라는 말이었지요. 듣던 중 반가운 소리였습니다. 저는 지구력이 좋은 사람이었기 때문입니다. 어렸을 때 3박4일 지리산 산행을 간 적이 있는데, 일정 내내 묵묵히 제 속도대로 걸었고 빠르지는 않지만, 천천히 끈기 있게 올라 마지막 날에는 가장 먼저 천왕봉 정상에 도착해 일출을 본 것이 떠올랐습니다. 지구력, 그것이 글을 쓰는 것에 있어 가장 중요한 덕목이라면 저도 조금은 자신이 있었습니다.

글을 참 오래도록 좋아하고 동경했습니다. 그 마음이 너무 오래도록 가슴에 눌러앉아 있다 보니 재능이 있는지 없는지는 몰라도 이것저것 많이도 써 내려갔습니다. 그러다 보니 저는 스물두 살이 되어서 열여덟 살에 쓰고 그렸던 글과 그림들을 책으로 엮게 되었습니다. 이 책을 읽어주신 이가 있다면 일단 좋을지 안 좋을지 모를 글들이 너무 많아 약간은 부끄러움이 들고, 그럼에도 그 글들을 모두 지나 끝까지 와주셔서 정말 진심으로 감사한 마음이 듭니다. 열여덟의 저와 스물두 살의 제가 모두 인사드립니다. 정말 감사합니다.

이은효

제 태명은 희서였습니다.
기쁨의 편지라는 뜻을 가지고 있었지요.
그래서일까요? 전 편지 쓰는 것을
참 좋아하는 사람이 되었습니다.

글을 쓰는 것은 제게 있어
말로도 행동으로도 쉬이 표현할 수 없었던 것들을
천천히 써내려 누군가에게 보내는 것 같이 느껴졌어요.
마치 편지처럼.

제 편지를 받을 이가 누구일지 모르겠지만
부디 제가 행간 속에 숨겨둔 사랑까지
모두 받아주시길 바라요.